媒合近萬人美好姻緣推手，教你異性緣激增，
終結單身的追愛22堂課

# 這樣說，那樣愛

春天會館——著

Contents



Chapter 1

## 為自己捎來幸福契機

Chapter 2

# 遇見幸福首部曲——衆裡尋你千百度



Chapter 3

# 遇見幸福二部曲——打造開啓幸福的鑰匙

# 找到生命中幸福的從容與美好！

## ——春天會館正式邁入三十週年

忙碌的社會，現代人對於生活品質的要求也相對提昇，很多單身朋友因求學、進修，甚至為了努力工作而延遲了情感的經營；有人只希望能找到一個談得來的伴侶而尋尋覓覓，但總不是那麼順利；有人日子過得熱鬧，生活卻很寂寞。

其實，很多人只是缺乏一個機會、一個平台。如果我們為有意願尋找幸福、尋找伴侶的朋友們，提供他們健康交友、認識的機會，想要找到理想伴侶的機會自然就會大大增加，這也是春天會館成立的宗旨。

我在春天任職的二十年來，每當看到單身朋友蒞臨會館，就像看到下一個帶來喜訊的佳偶。每當一對對愛侶帶著喜帖、喜餅來到會館與我們分享喜訊時，彷彿像是我們的親人或是好友找到幸福般，為新人獻上無限祝福。

尋找幸福的過程並不一定一帆風順，在這數十年來，我們看過許多男男女女在尋找幸福的路途上遇到阻礙。有些人不知道自己要什麼、有些人不知道如何開啟新關係、有些人急就章反而讓幸福溜走、有些人談起戀愛卻迷失了自我……在這過程中的苦辣酸甜，只有當事人，以及幫助他們的祕書們能理解，這也是本書出版的目的——協助單身朋友在尋找幸福的路上，有盞燈陪著您。

每一門感情學分，都是單身朋友必修的課程，很多人汲汲營

2015提升服務品質研討會——擁有正向思維．提升優質人際溝通教育訓練課程。

2014提升服務品質研討會——掌握夢想，創造優質團隊教育訓練課程。

營於工作、財富、成就的同時，卻忘了一輩子的幸福更需要我們努力與投資。戀愛是尋覓與調整的過程，而婚姻更是人生最重要的學習！沒有一個人是完美的，我相信也沒有一個人是故意不完美的。

來自生長環境不同的兩個人，無論心靈如何契合，難免都會有衝突。與其說緣分是遇到一個能讓自己欣賞與被欣賞優點的人，倒不如說緣分是找到一個能讓自己願意包容與被包容缺點的人。

我們相信沒有人不希望幸福，只是每個人想要的幸福都有著不同樣貌，想到幸福，哪一個畫面會先出現在你的腦海裡？你是否曾經為所想要的幸福，認真且用心去開創與經營呢？

春天會館三十歲了，我們想和更多朋友分享會館的幸福故事。有許多單身朋友透過這個平台交往、結婚，其中有一見鍾情，也

2016提升服務品質研討會——兩性溝通與互動美學。

有尋尋覓覓，總在每次排約後期待下一個會更好，也有人始終不知如何開啟互動話題，甚至始終停留在友達以上，戀人未滿的階段。

本書中的艾晴姐就是我們每一位紅娘的化身，每一次服務，都真心希望協助所有單身朋友能找到幸福！在這個幸福團隊服務的每一份子，都認為願意將自己的幸福機會交給我們來服務的您，除了是為自己開啟一扇緣分的窗，同時也為他人開啟一道機會的大門。

願每一位單身朋友都有智慧和勇氣，抓緊每一刻「來得及的時候」，當幸福來敲門時，可不要棄權。

春天會館總經理
黎雅芳

—序—

# 親密關係，是人際關係中最困難的一環

人際關係，是現代社會最重要的課題；在人際關係當中，最複雜、最棘手、也是最令人不解的區塊，就是親密關係的建立與相處。

或許你會問：「這是真的嗎？」

當然是真的！事實上，我們每隔一小段時間，就會聽到藝人感情間的糾紛，政治人物感情的糾纏，更嚴重一點的狀況，就是因為感情狀況而鬧上社會版。可見得感情這檔事，的確是人際關係中的重要課題。

那麼，到底什麼是感情？什麼是兩性的議題呢？

簡單來說，就是男女雙方從不認識、到熟悉、到曖昧、到交往、到分手，或者是論及婚嫁、到步入禮堂、到有了小孩、到小孩長大，兩個人相處在一起，一起牽手走一輩子，這些都是兩性議題的範圍。這些兩性議題，全部都是「人」的問題，既然是人的問題，就需要有好的溝通，才會有好的結果。如果沒有良好溝通，便無法建立一段美好關係。

所以，兩性的溝通與相處，絕對是人生當中的重要課題，需要我們認真看待與學習。可惜的是，學校與社會並沒有給予太多的資源投入在這個區塊上，好像人們長大之後，自然而然地就會與異性相處，然後結婚、共組家庭，一起擁有美滿生活，就像是理所當然一樣。

但這是一種幻想，真實世界不存在這種童話。

絕大部分的男男女女，都在這世上尋求愛情的滋潤，卻不知道要如何找到自己的愛情，不知道如何經營自己的感情，最後在結婚後發現真相，走上分開的命運。

這並不是他們不懂得愛情、感情的重要，而是他們不懂得如何彼此溝通，不瞭解如何跟對方相處。所以，我們需要有人引導，教導我們在感情當中如何溝通。

這就是為什麼這本書會出現的原因。

本書集結了許多的真實故事，這些故事都是春天會館祕書們的真實經驗。透過「幸福專賣店」的概念，呈現這些真實的過程，讓讀者更加了解如何跟異性溝通與相處，進一步擁有屬於自己的幸福。

這時候你會發現：幸福，如此簡單！

— 引言 —

# 叮咚！幸福光臨！

你好！我是「幸福專賣店」的老闆娘艾晴，大家都叫我艾晴姐。

或許你會覺得奇怪，為什麼叫做「幸福專賣店」？幸福又不是商品，怎麼可以販售呢？

幸福的確不是商品，在談「幸福專賣店」的概念之前，我們先聊聊什麼是「幸福」。

幸福是什麼？我想每一個人都有不一樣的定義，有些人只要有好吃的東西，就是幸福；有些人跟家人在一起，就是幸福。對於我來說，幸福就是看著一對相配的情侶，能夠互許終身，願意對彼此許下承諾，那就是幸福！

商店是把遠方的商品，拿來跟你結緣的地方，也是一個平台；「幸福專賣店」就是傳遞、體驗幸福的地方，端看你願意付出多少真心誠意，交換屬於自己幸福的平台。透過「幸福專賣店」的協助，可以讓走在兩條平行線上的男女，有了首次的交集。幸福專賣店的小幫手們，不斷穿梭在這些追求幸福的人群中，協助他們找到契合的另一半，進而尋找到自己的幸福。

而我，就是幸福專賣店的主人艾晴姐。

歡迎光臨！幸福光臨！

hey!

Chapter 1

# 為自己捎來幸福契機

某天下午，我在幸福專賣店小吧台，煮著我最喜歡的牙買加藍山，微酸、不苦的藍山咖啡是我最喜歡的味道，就像是幸福一樣。正當我喝下第一口咖啡的時候，一位西裝筆挺、年約三十多歲的男士走了進來，到吧台前面的椅子坐下來。

「歡迎光臨。」我看著這位男士，說道：「有什麼需要我為您服務的嗎？」

這位男士不疾不徐地對我說：「艾晴姐，我是小吳介紹來的。聽說他在這邊認識了現在的老婆，我很羨慕。但是，幸福專賣店真的能幫我帶來幸福嗎？」

「當然！」我笑著說：「你說的小吳，是不是頭髮有點少，講話有點直接的中年男士？」

「對啊！」男子驚訝地說：「妳還記得他？」

「是啊，他們這對夫妻讓我印象很深刻啊。」我笑著說：「那時候，小吳的太太來找我時，交代我不要找禿頭。但我覺得他們的性格能夠擦出更多火花，便排了小吳給她，隔天她就來找我理論，嚷嚷著要我給個交待。但沒想到，最後他們還是結婚了。」

「是這樣啊，」男子笑著說：「那我應該比小吳還有機會，因為我長得還可以。」

我仔細端詳了這位男子，兩道黝黑的眉毛、明澈的眼眸、筆尖似的臉型，眉尖透著一股憂鬱的氣質，而且剛剛走進來的時候，目測應該有一七五公分以上，身材也很標準。「確實是一個英俊的小帥哥呢！」我笑著說：「請問你的大名是？」

「我是傅承漢。」男子從口袋中取出一張名片遞給我，接著說：「我自己開了一間小公司，經營了七、八年，還算不錯。」

我仔細看了一下名片，上面寫著：雲漢貿易公司業務總監傅承漢。

「果真是黃金單身漢呢！」我呵呵地笑著說：「長得帥、身材好，又有自己的事業，如果艾晴姐再年輕個十幾歲，說不定會倒追你喔！」

「艾晴姐，別開玩笑了，」承漢苦笑說：「我到現在還沒什麼對象呢。」

「那就交給艾晴姐吧，」我微笑地說：「讓艾晴姐幫你找到合適的另一半！」

# 認識自己，你值得擁有最好的幸福

經過一陣子談話後，我的想法已經不像原先那樣樂觀。

表面上，承漢年紀還不滿四十歲，就已經擁有自己的事業。他白手起家、事業有成；身價沒有上億，也有千萬。注重健康的他，平常就有健身跑步的習慣，或許因為如此，他的模樣看起來一點都不像快要四十歲的人，大概就像是三十出頭的年輕人。

我想，承漢對於許多人來說，可以說是不錯的人選。

但在我的眼中，這些都不是重點。重點是，他根本不知道自己要什麼。既然我都攬下了這個責任，那還是得要完成任務。於是我開始幫承漢尋找合適的對象，經過幾次的排約，承漢都不是很滿意。

我好奇地問他：「承漢，你是真的想要結婚嗎？」他回答：「我是真的想要定下來了。」

「那你理想的另一半會是什麼樣的呢？」他也只是搖搖頭說：「不知道。」

看來，如果只從承漢這邊，應該是問不出什麼結果。於是我採用另外一種方法——去詢問跟他約會過的人。

我撥了通電話，給一位曾經跟承漢約會過的人——小佩。

「小佩，妳跟承漢出去過幾次。艾晴姐想要問一個問題：可以形容一下，承漢是怎樣的人嗎？」我單刀直問。小佩呵呵地說：「他是一位紳士，是個貼心的好男人。但是跟他說話很無趣。」

這引起我的好奇了。依照過去的印象，承漢應該是一個很健談的人啊。經過追問之後，這才發現到一些癥結點。

「吃飯的時候，他只聊自己的事業，卻從來沒有注意到我是否喜歡這些話題。」小佩說：「我覺得他是好人，但不是好的情人。他的世界中只有自己，容不下其他人，這樣怎麼會找到另一半呢？」

跟小佩聊了半個小時後，我掛上電話，心中嘆了口氣。唉！原來承漢在感情上的失敗，來自於**他以自我為中心，卻忽略了對方的需求**。條件好，是加分條件，但不是勝出的關鍵。約會不是公司的會議，應該要把重點放在彼此身上，透過約會是要讓彼此更了解對方。顯然，承漢真的不了解愛情。看來我應該要好好地跟承漢談談。

兩天後，承漢又來到幸福專賣店。

「艾晴姐！」承漢對我說：「有其他的好對象嗎？」

「承漢，艾晴姐認識的符合你條件的女孩幾乎都介紹給你了。」我嘆了一口氣後說：「你可以告訴艾晴姐，在感情路上，你真的知道自己要的是什麼嗎？」

這時換承漢嘆氣了：「艾晴姐，我還真不知道自己要什麼。」

我看著承漢，緩緩地對他說：「承漢啊，你知道在希臘有一座德爾菲神殿，是太陽神阿波羅發出神諭的聖地。據說，在這座神殿當中刻有三句箴言，其中第一句、也是最重要的一句話，就是『認識你自己』。」

承漢看著我，納悶地說：「這我有聽說。但是艾晴姐妳怎麼會突然提到這個？」

我對承漢說：「**認識自己，是做任何事情的起點。**」

「在求學的時候，要認清自己的能力，並且知道自己要什麼，能付出多少努力。找工作的時候，也要認清自己的實力，知道自己在工作上想要得到什麼，最後就是要付出什麼樣的代價。」

「因此求學時，學校會做性向測驗；工作時，也會做職能測驗。這些測驗，就是為了幫助你能夠更瞭解自己。所以，不管是求學、求職、轉換跑道，甚至是感情，都必須要好好地認識自己。」

「這我同意。所以呢？」

我笑著說：「如果可以的話，我希望你可以走到鏡子面前，看看鏡中的自己，問問鏡中的你：『哈囉！你瞭解自己嗎？』」

這次換承漢「噗哧」笑了出來：「理智上我應該知道，但艾晴姐這樣一提，我還真的不知道該回答什麼了。」

我微笑地說：「絕大部分的人其實不太瞭解自己，也不願意去面對自己的不瞭解。

特別是在愛情當中，每個人都會迷失自我，忘了先看看自己要的是什麼；我們總是把焦點專注在對方身上，在對方身上找尋我們所不足的一切。」

承漢點了點頭。

我繼續接下去說：「於是我們要求對方身高要多高，體重要多重，學歷是什麼？收入是多少？家庭背景是什麼？是不是有車有房？父母需不需要你養？當我們越專注在這些外在條件時，卻忘了，**感情不是一樁買賣**。

「在感情上，最需要的是我們真心渴求。我們所要的愛情，不只是建立在經濟之上，而是需要一個屬於自己的家、需要有人在家中替我點一盞燈、需要一個簡單的擁抱；或許我們真正想要的事情，就是擁有一位我愛他、他也愛我的人。這些簡單的幸福，都不是用外在條件可以篩選出來的結果。」

最後我對承漢說：「這就是為什麼我們要先認識自己。」

承漢彷彿若有所悟。

## 艾晴姐—小叮嚀

你不是條件不好，卻總是找不到好對象；你不是不願意交往，只是沒有機會遇到對的人；你總是等待公主出現在面前？妳總是等待王子騎著白馬來迎接妳？事實上，想要遇見幸福，你才是主角。

先從認識自己開始，找到自己真正想要的幸福，透過適合的管道，配合正確的態度跟方法，當然就能遇見幸福。

# 看見「心」幸福

一個月後，承漢一臉笑意地走進幸福專賣店。

「怎麼啦，看你一臉春風得意。」我說。

「我依照妳的吩咐，開始重新認識自己、重新省思，才發現到原來自己所認為的這些優秀的經濟條件、暢談自己的事業，都不見得是愛情當中的好條件，甚至有可能是讓人卻步的高牆。」

「很棒！」我對他比了一個讚。

這時他笑著說：「然後我開始反問自己：我要的是什麼？在一段親密關係中，我真正想要得到的是外在的條件、還是內在的條件呢？最後我發現，其實我要的很簡單，就是有一個人陪自己說說話、聊聊天，其他的條件，根本無關緊要。」

「哇！你開竅了。」我笑著說：「看來距離喝喜酒的日子不遠囉。」

「嘿，還需要靠妳介紹啊！」承漢說道。

「那有什麼問題！」我說。

**艾晴姐—小叮嚀**

事實上，當我們還沒認識自己時，我們就像故事中的客人一樣，依照過去的經驗，或是別人告訴我們的經驗來思考。因為我們不清楚自己要的是什麼，於是依照世俗的價值觀，想找到一個高、富、帥的男人，或者是一個白、瘦、美的女人。但這樣的思維，卻很容易讓自己陷入盲點。

如果你願意好好地認識自己、仔細地分析自己，看看自己具備了什麼、學習了什麼、擁有什麼樣的條件；也就是說，你的家庭背景如何、你有什麼樣的修養、你肚子裡有什麼樣的墨水，這些都是你可以檢視的部分。

透過這個案例，可以發現到認識自己還有另外一層含意，那就是：你在這段感情當中想要得到什麼？你是想要經濟的保障，還是一種心靈依靠？你想要的是有人幫你等門，還是有人給你錢花？

其實絕大多數的人內心想要的，是一個在你悲傷難過時，能夠陪伴在自己身邊、溫暖自己的人；想要的是一個在挫折、恐懼的時候，可以給你一個安心擁抱的人。而幸福，也就是這麼簡單。

那麼，要怎樣認識自己呢？最簡單的方式，就是透過命理的方式，像是：星座、生命靈數等，可以初步地認識自己。除此之外，也可以透過科學的測評工具，像是ＤＩＳＣ、ＰＯＤＡ（兩者皆是分析人格特質的測驗）或市面上任何測驗，都可以幫助我們了解大部分的自己。再來，可以透過他人回饋，像是：過去的同學、長官、部屬、朋友、家人等，請他們描述他們眼中的你。如果經濟許可，還能透過專業的顧問來幫你解析，都是認識自己的好方法。

認識自己，是找到合適對象的重要關鍵。當你真正地認識自己、知道自己真正想要尋找的對象時，才有可能找到能夠與你相處一生的伴侶。所以，先想想自己真正想要得到是什麼吧！

# 你是戀愛魯蛇嗎？

過了三個月之後，承漢帶了一個女性朋友來找我。

「艾晴姐，」承漢笑咪咪地說：「看我帶誰來了。」

「帶誰啊？」我笑著對他說。

「幫妳帶客戶啊！」承漢說完後轉身，把身後的女性推到前面來：「這是我生意上的好夥伴，她叫凌琳。」

「妳好，我是凌琳。」她說完後把手伸出來，準備要跟我握手。

我趕緊握上她的手，說：「妳好，我是艾晴。」

「是這樣的，」承漢說：「凌琳是我公司的財務主管。從創業開始就一直跟我打拚到現在，一直都是小姑獨處，最近她跟我說家裡在催婚，自己也覺得到了該結婚的年紀，但卻沒有任何戀愛的對象，所以希望艾晴姐能介紹個好對象給她。」

「這樣啊，」我看著凌琳，溫柔地問她：「妳有相親過嗎？」

「沒有耶，」凌琳尷尬地說：「我覺得那太古板了，總覺得那是上個世紀的事情。事實上，如果不是承漢找我來，我還不會來呢。」

「這邊有很多人是這樣沒錯。」我笑著說：「有媽媽帶來的、爸爸帶來的、朋友介紹的，當然也有自己找來的。但是，不管怎麼來的，既然來了，就了解一下吧。」

「嗯。」凌琳說。

「妳知道有本小說叫《享受吧！一個人的旅程》嗎？」

「知道，有拍成電影啊。」凌琳回答。

「沒錯。在書中提到一個有趣的笑話。有一個義大利人非常想要瞬間致富，所以每天到教堂前，對著聖保羅的雕像祈禱：『聖保羅啊！請讓我中樂透吧！』就這樣一天又一天，這個義大利人一直到雕像前祈禱，但他仍然沒有變成有錢人。

「三個月之後，義大利人又來到聖保羅的雕像前，對著雕像祈禱要中樂透、變成有錢人，這時候聖保羅的雕像突然間說話了：『孩子，去買張樂透吧！』」

「哈！」凌琳笑著說：「他都沒有去買樂透，怎麼可能會中！」

「是啊，很多人就像這個義大利人一樣，總是停留在想要的階段，卻沒有直接去執行。」我說：「許多未婚男女常會去祈求月下老人，希望月老可以給他一個真命天女或如意郎君，或許月老辛辛苦苦地幫他配對，選到好的另一半，但是他卻不走出自己的舒適圈，不去擴大生活圈，這樣怎麼會有機會找到『速配』的另一半呢？」

「對喔！」

「於是，許多有緣分的男女，就像是幾米繪本《向左走、向右走》中的男女一樣，每天都朝向不同的方向前進，過了好幾年之後才找到彼此。同樣地，在茫茫人海中，每個人都在尋找Mr. Right或Miss Right，卻仍是單身一人。但是，單身不是你的錯。只是因為你太忙於工作，等到下班之後，又忙著跟手機、電視親熱，當然沒有機會去認識更多的對象。這樣的你，怎麼可能擺脫單身呢？等到光陰虛度之後，才驚覺仍是孤身一人。」

「理解。」凌琳說道：「那我該怎麼做呢？」

「先從擴大交友圈開始囉！」我說。

這時候，坐在一旁的承漢，突然看到一則訊息，開始變得坐立難安。我看到承漢的樣子，就笑著說：「女朋友外找嗎？」

承漢尷尬地笑了。

這時候凌琳笑著說：「你快去，不用擔心我，我跟艾晴姐聊得來啦。」

### 艾晴姐一小叮嚀

或許，單身的你，缺乏的不是戀愛的運氣，而是踏出第一步的勇氣！

或許，工作的壓力讓你生活圈縮小，所以找不到心儀的對象。這時候你該做的是積極拓展自己的生活社交圈，讓自己有機會多多認識不同的朋友，要讓自己的好也有機會被別人看見。

或許，你需要等待的不是命運的紡紗，而是面對愛情的勇氣。當你願意踏出第一步，正視自己的愛情，這樣愛神才有機會把箭射向你，幸福愛情自然會降臨在自己身上。

# 選擇適合自己的多元交友方式

承漢離開後，我對凌琳說：「想喝些什麼？」

「美式黑咖啡。」

「好的。」我到了吧台，幾分鐘後就端了兩杯咖啡放到凌琳的面前，然後挨著凌琳旁邊坐了下來，說：「幸福專賣店，就是提供一個遇見幸福的機會，讓人有機會可以找到屬於自己的幸福。

「現在的社會，大家都在忙自己的工作，於是社交圈越來越小，當然機會就越來越少囉。」

「我同意。」凌琳說：「我就是一直忙工作，到最後才發現周圍的朋友都結婚了，而自己還是孤家寡人。但我還是很抗拒相親，感覺不對。」

「感覺上，相親就是要決定在一起嗎？」我問。

「對啊，感覺是這樣。」

「了解。」我說：「其實，想要找到另外一半的第一步，就是擴大交友圈。就像是做生意一樣，當接觸到的客戶越多，找到好客戶的機會就越大。」

「是這樣沒錯。」凌琳說：「事業上我知道該如何做，但是在感情上，我還真的不知道怎麼擴大交友圈。」

我笑了一下說：「我懂，大部分人都是這樣。所以，讓我們來聊聊從以前到現在是如何認識另一半的吧。」

「好。」

「在古代，並沒有自由戀愛，所有的婚姻都是透過介紹人——『媒人』而來。那時候的婚姻，就是所謂的父母之命，媒妁之言。後來，自由戀愛的觀念逐漸萌芽，我們開始習慣自己找對象。漸漸地，結婚的對象從同學、同事、朋友、朋友的朋友等都有。

「所以，在大學的時候有聯誼、出社會之後也有聯誼。後來隨著科技的進步，還有通信交友、電話交友、最後是網路交友等，都是為了要擴大我們的交友圈。」

「是耶，」凌琳說：「還有這麼多的交友方式呢！」

「現在有幾種常見的交友方式：第一、網路交友；第二、親友介紹；第三、社交場合；第四種就是像我們這樣的幸福專賣店。

「網路交友的好處是：量大、快速，但是資訊卻不見得真實。之前就有宅男扮成醫師，在網路上詐騙取財。

「親友介紹的好處是：信任度高，但是能夠認識的數量相對少，同質性也會比較高。

「社交場合，像是夜店、社團等等，這些都是屬於社交場合，但型態很不一樣。如果是夜店、酒店等歡場，認識的量很大，但多數屬於玩咖，不一定是要結婚的對象；至於社團，像是扶輪社、青商會等，都是以事業、人脈為主，不見得適合想要結婚的對象。

「最後就是像我們這樣的幸福專賣店。我們的優點就是：量大、信任度夠，但缺點就是你要願意來。很多人以為幸福專賣店就是相親，所以不願意嘗試，喪失了許多機會。事實上，我們就是提供一個幸福的機會，讓人可以擴大交友圈，讓你找到理想的另一半。」

接著我在紙上畫了一個簡單的表格，讓凌琳知道其中的差異。

**常見的交友方式：**

| 交友方式 | 網路交友 | 親友介紹 | 社交場合 | 幸福專賣店 |
|---|---|---|---|---|
| 交友數量 | 極多 | 少 | 中 | 多 |
| 交友品質 | 不均 | 高 | 不均 | 高 |
| 資訊真實性 | 不一定 | 高 | 不一定 | 極高 |
| 安全機制 | 無 | 無 | 無 | 有 |
| 便利性 | 極高 | 中 | 中 | 中 |

「所以，相親不見得要結婚？」凌琳問。

「如果是親友介紹，就會有這樣的壓力。我有許多朋友，都是不希望有這樣的壓力，所以才來到幸福專賣店，讓我幫他們尋找幸福的機會。」

「原來如此！」凌琳恍然大悟。

「事實上，並不是每個人都適合同一種交友方式。」我對凌琳解釋：「我碰過一些在尋找幸福的人，都是多管齊下，然後選擇最適合自己的方法。而妳，現在透過承漢的介紹，來到了幸福專賣店，那就讓自己嘗試一下，看看這樣的管道適不適合妳。」

「我明白了。」凌琳笑著說：「那就麻煩艾晴姐囉！」

艾晴姐一小叮嚀

想要脫離單身、尋覓到理想情人，就要先擴大自己的交友圈。交朋友的方法有很多，但找到適合自己，讓自己不會受傷的方式，才是最重要的結果。

現在的科技很發達，交友的管道除了網站外，還有APP，都是可以快速認識人的方法，而幸福專賣店也有跟上腳步，有相關的網站。但更重要的是，不管科技有多發達，相處還是兩個人的事情，所以還是需要碰面之後，才知道是否喜歡對方，能跟對方一起廝守一生。

因此，實際見面還是非常重要的一個步驟。

# 擁有愛情，其實很簡單

我從辦公桌拿了一張表格，坐到了凌琳的面前。

「凌琳，妳的理想對象，需要有哪些條件？」我問。

「當然是高、富、帥啊！」凌琳咯咯地笑著說。

「這應該是很多人都想要的吧，」我笑著說：「但是這些真的是妳需要的嗎？」

凌琳聽完了我說的話，陷入了沉思。過了幾分鐘之後，凌琳說：「我想不是。」

「那妳想要跟什麼樣的人相處一生呢？」

「我希望這個人跟我有同樣的興趣。我們可以一起聊天、一起拌嘴、一起出去玩，我們可以有很多不同的生活體驗，兩人開心地過生活。」

「然後呢？」

「我希望他可以包容我的不完美。」凌琳說：「然後我們可以一起經營家庭，養兒育女，就像是歌詞說的：『我能想到最浪漫的事情，就是和你一起慢慢變老。』」凌琳一邊說，一邊露出幸福洋溢的笑容。

「所以，高、富、帥呢？」我笑著問：「還是必要條件嗎？」

「我覺得某種程度上還是要有經濟條件。」凌琳說：「但是，除了基本的經濟之外，更重要的是能夠愛護我、呵護我，我有事情的時候，會擋在我的面前，為我抵抗所有的壓力。」

「很好！」我對凌琳說：「很多人都認為幸福專賣店是『訂製幸福』，只要開出條件，就會找到符合規格的情人。但是，**眞正的理想情人，是活在每個人的心中**。」

「真正的理想情人，活在每個人的心中？」凌琳說。

「是的。」我微笑地說：「其實，每個人真正想要的情人都不相同。但是大部分的人卻沒有認知到這件事情，所以依照社會的標準來挑選對象，最常見的標準就是身高、財富跟俊俏的臉蛋。」

「沒錯。」凌琳點頭表示贊同。

「但是，高、富、帥卻不是幸福的代表。」我說：「真正的幸福，是找到契合的另一半，兩人快樂地生活著，對嗎？」

「我完全理解了。」凌琳笑著說：「找到自己想要的，遠比外在條件來得重要！**一個人就算身高再高，沒有擔當也是枉然；一個人再有財富，缺少愛你的心也沒用；一個人再帥氣，總是有年華老去的一天。唯有兩個人的個性、興趣都能彼此相合，才能眞正走一輩子。**」

「Bingo！」我說道：「妳真聰明！」

想要擁有愛情，困難嗎？困難！因為面對愛情，你總是活在自己想像的世界當中。在愛情當中，我們總是渴望擁有一個完美的情人。女人希望男人幽默、風趣，但又希望他誠實、穩重；男人希望女人美麗、身材好，卻希望她穿多一點，不要讓好身材被外面的男人看到。面對愛情，我們總是充滿著矛盾。

金城武曾經唱過一首歌叫做《標準情人》，其中有一段歌詞說得很貼切：

「請你相信，標準情人，只能活在想像世界裡。感受我的真心，陪你歡笑、陪你嘆息、陪你風和雨，永遠沒有距離。」

有很多人在挑選對象時，總是希望對方能夠符合我們想要的條件。就像是工廠生產出來的商品一樣，可以讓自己客製化訂做一個標準情人。但這樣的標準情人，大部分都是自己的憧憬，是自己幻想的結果，卻不是現實社會中真實存在的人。於是我們設定了許多條件，希望對方能夠符合所有條件，卻忘了感情是透過彼此努力而來，不是依照你所開出的情人規格。

所以，建議真心渴望愛情的你，不妨檢視一下這些問題：

## ◎選擇對象的條件是否正確

我們總是希望另一半可以符合自己的條件，但卻常常開出矛盾的條件。有些女性希望可以遇到風流倜儻的男人，卻又希望這男人是女性絕緣體，不要有機會跟外面的女人亂來。但是風流倜儻跟女性絕緣體，就是天平的兩端，是自相矛盾的要求。

## ◎確認自己的條件

在選擇另一半時，很多人會希望另一半能夠達成自己的條件，卻很少回過頭來看看自己的條件。有些女性一個月薪水不到三萬，但是她想要找到月入十萬的對象，這樣的情況下，會建議調整一下自己的想法。因為月入十萬的人，不是經理人就是高階主管、不是工程師就是設計師，這些人的想法跟思維，妳真的跟得上嗎？妳能跟他們聊上幾句呢？這些都是必須要考量的問題。

男性也是如此。很多人想要找年輕、漂亮的女生。但是他的談吐不有趣、不幽默，講笑話別人還不會笑，不懂得噓寒問暖，只希望對方擁有自己所設定的條件，卻不回頭看看自己的狀況，很容易變成愛情魯蛇。

## ◎積極度：是否太快或太慢？

約會達人最常碰到兩種人：急驚風跟慢郎中。有些人是急驚風，最好現在可以馬上擁有一段浪漫的愛情，所以面對異性的時候，總是表現得如狼似虎，一副要把對方吃了的感覺，讓對方感覺到害怕。另外一種是慢郎中，一副皇帝不急、急死太監的態度，永遠都在「等」對方的回應，讓自己的緣分都被「等」完了。

事實上，當你越瞭解愛情，你就會知道有些事情不能「等」，但也不能「急」。而是要掌握好步調，抱持著積極但不心急的態度，也就是要主動積極地去聯繫對方，但不要一天打好幾次電話，這樣對方肯定會嚇到。

## ◎學會愛自己

一段成熟的愛情，不是佔有，而是分享。有時候，當我們開口說愛對方，實際上我們是想要佔有對方，希望佔有他／她的時間、空間與心力。因為我們在愛情當中，不懂得先愛自己，把全部的重心都放在對方身上，讓對方感覺到壓力很大，最後選擇逃離。所以，在開始一段感情之前，先試著愛自己吧！可以一個人獨處，點一杯下午茶，讓自己跟自己來一場約會，也可以聽一場偶像的音樂會。透過這些活動，可以讓你不斷學會如何愛自己。

其實，世界上每一個人都能找到屬於自己的真命天子（女），只是看你願不願意用心，並且走出自己的世界，當你願意花時間去改變、聆聽別人的意見，願意用心加強自己的條件時，相信不久後，一定可以找到合適的另一半，活出屬於自己的漂亮人生！

# 變成WINNER非難事

一個禮拜後，承漢又來到我這兒。

「什麼風又把你吹來啦？」

承漢「嘿嘿」地笑著說：「當然有事情要拜託艾晴姐啊！」

「什麼事情呢？」

「我有一個兄弟，是個標準的宅男，最近不知道怎麼了，突然說他想要結婚，但是卻沒有對象，不知道妳能不能幫他介紹一下？」

「當然可以啊。」我說：「但是我要確定一下，他是真的想要結婚嗎？我知道在日本有所謂的『草食男』，也就是對戀愛沒興趣，對事業沒有積極度的男性。在台灣，也有很多宅在家裡的男性。所以他應該只是不知道如何談戀愛吧？」

「應該是吧。」承漢說：「我覺得他不太會打理自己。」

「嗯。」我說：「很多宅男看到女性，就會緊張地不知道說什麼；面對女性，他們總是手足無措，非常在意自己的表現。為了怕搞砸一場約會，他們寧可不約會。但其實他們是渴望愛情的。無論任何年紀，人們總是擁有對愛情的憧憬與渴望，只是他們不知道如何表現出來。」

「是這樣沒錯。」承漢說。

「其實女性的心中還是希望有一個能保護她、呵護她的人，所以男人的自信，就是女性安全感的來源。如果一個男人畏畏縮縮，常常臨陣脫逃，當然不受女人的青睞。所以，男人如果想要擁有一段愛情，自信心絕對是一個必要條件。」

「那艾晴姐有什麼好建議呢？」承漢問。

「我會先建議他走出來，先離開家裡，才有機會認識到其他人。」我說：「再來就是改變自己的外貌。如果過去常常短褲、T-shirt，那可以試著穿休閒褲搭休閒襯衫，先改變自己的外表，就有機會吸引異性。」

「非常同意！」承漢說：「那改天找我兄弟來跟妳聊聊，我相信他應該會很有收穫。」

「歡迎！」

**艾晴姐—小叮嚀**

想要從魯蛇變成贏家，其實真的很簡單。先改變自己的外表，再改變自己的內在，就可以從輸家翻身，擁有幸福人生。以下簡單介紹一下如何打理自己外表，讓別人感覺到你的自信。

## ◎外在要如何打理？

要怎樣讓對方感受到男性的自信呢？首先，可以從外表開始。如果一個穿著邋遢的人來到面前，不管是男人或女人，都不會想要跟他做朋友吧！所以，想要擁有自信的一面，可以從衣著做起。

基本上，穿著不需要過度正式，聯誼不是結婚，不需要西裝筆挺，原則上以清潔整齊為主。盡量穿著ＰＯＬＯ衫，或是輕便襯衫，最好不要只穿著緊身衣就出席，有時候胸前兩粒激突不見得是加分條件。（明星就例外啦！）

再來，就是你的儀容狀況，出席聯誼之前，先把鬍子刮乾淨、指甲剪得整整齊齊，頭髮要梳理好，不見得一定要梳油頭，只要不要亂翹就好。出門前，可以視情況噴點男性香水。

至於女性的裝扮也是一樣，以整齊清潔為主。女性盡量不要穿套裝，給人過於嚴肅的感覺，可以穿牛仔褲、裙子等服裝，原則還是整體看起來輕鬆整齊。最好可以化點淡妝，也是一個加分的要素。

## ◎內在要如何打理？

不管是男性或女性，不只外表很重要，內在也一樣重要。外表是別人的第一印象，內在的涵養跟談吐是第二印象。第一印象是吸引別人注意的關鍵，第二印象則是決定是否在一起的鑰匙。

要如何打造第二印象呢？建議從簡單的自我介紹開始，接著搭配時事、常識等話題串場，讓人覺得親切有趣。大多數人都喜歡幽默風趣的人、也喜歡輕鬆的氣氛，就算做不到幽默風趣，但至少能做到應對自如，自然就能有下一次的機會。

除了說話的語言之外，肢體動作也非常重要。你的肢體動作、笑容、聲音，都會形成自己的獨特魅力。在《犀利人妻》當中，宥勝飾演的藍天蔚不斷地訓練謝安真（隋棠飾演），要求她穿高跟鞋，要求她的美姿美儀，就是為了鍛鍊謝安真的獨特魅力。

事實上，每個人都有自己的獨特魅力。在這個世界上，你就是獨一無二的個體，你的存在本身就是獨特，所以，給自己一點信心，打造自己的魅力，讓人願意親近，約會自然就增加囉！

— Column 1 —

# 給你一雙透視眼：十二星座教戰手冊（上）

該如何跟異性相處，是許多戀愛新手的難題。深怕說多了，人家以為你是老油條而討厭你；可是說少了，又怕人以為你是木頭。或許有時候不是你的異性緣差，而是你不懂得把握戀愛機會，不懂得如何利用自身優勢，讓別人對你好感倍升，從而吸引異性的注意。

透過星座解析，可以幫助戀愛新手瞭解自己、發揮內在正向力，並且能夠跟對方創造好的互動，為自己創造希望的結果。

## 牡羊座：見面時多展現自己的幽默感，不問太過私人的話題

### ◎牡羊男原來是這樣

健談且完全不怕生的牡羊男，能夠很自然地開啟許多新話題，即使是和女孩首度單獨見面也不用擔心冷場。對於愛情，牡羊男一樣是敢愛敢恨，所以常

常會有一見鍾情的情形，卻也有可能誤判情勢。建議牡羊男談戀愛時要有點耐心，才能找到心目中的另一半。

**◎原來這就是牡羊女**

牡羊女其實內心非常活潑奔放，但礙於性別關係，常常會愛在心裡口難開，建議牡羊女可以再熱情大方些，畢竟男人對開朗活潑的女性好感度更高。同時也要提醒牡羊女，初次見面時是交朋友，不是身家調查，多談一點興趣，少聊一點隱私，這樣才能博得對方好感。

## 金牛座：偶爾主動找找話題吧！

**◎金牛男原來是這樣**

金牛男最大的優點就是成熟穩重，不過在聯誼交友時請適時放開一下吧！因為有時太沉默會讓場面變得尷尬。如果剛好碰上同樣安靜的女孩，那場面就會跟北極的冬天一樣，冷斃了！雖然對金牛男來說，用幽默感來為自己加分確實有點難。但金牛男付賬時通常會搶在女方前面，不僅展現了一種男人風度，更能打破冷場，或許會有多一點機會。

◎原來這就是金牛女

金牛女在陌生人面前非常放不開，所以很少主動找話題，通常都是跟對方一問一答，但拘謹的態度不但無法展現妳的優點，也會讓人壓力很大。事實上金牛女是很健談的，有時適時的主動插入話題，像是聊聊有趣的書、電影、興趣、旅行，或是最近的新鮮事，可以讓自己有更多的機會。

## 雙子座：請善用誠心、成熟和天眞來擄獲人心

◎雙子男原來是這樣

雙子男有種善良包裹下的成熟男人味，在約會時，擅長使用溝通技巧的雙子男可稍稍放下平日的方法，來個隨性的交談，釋放自己的幽默天性，用笑聲來炒熱氣氛。這種既成熟又天真的男孩，女孩肯定愛死你哦！

◎原來這就是雙子女

隨興的雙子女是個知識崇拜者。對比於外在的衣著，她更看重內在的知識與智慧，也因此會有穿著過於輕鬆的狀況，這裡要提醒雙子女，出席交友場合還是要穿著得體，這樣才能吸引男人的目光。

## 巨蟹座：不要急於表達，請多傾聽

### ◎巨蟹男原來是這樣

巨蟹男最大的特點就是溫柔、愛家。水相星座的他們，個性相對靦腆，讓人感覺沒自信。但實際上巨蟹男是非常有才華的，卻常常自以為不如人，所以巨蟹男在交友時，一定要多展現自己的優點，這樣才能吸引到跟你相合的真命天女。

### ◎原來這就是巨蟹女

人人都說巨蟹女是賢妻，事實上也是如此。顧家的巨蟹女有能力安排好家中的大小事情，但卻常常把自己縮得很小、認為自己微不足道；在感情中，巨蟹女會一直替對方付出，給男友滿滿的愛，這樣的巨蟹女絕對值得被好好對待，所以請巨蟹女也好好地看看自己，相信自己值得被愛，這樣才能找到愛妳的另一半。

## 獅子座：多多徵求對方意見，學會尊重吧！

### ◎獅子男原來是這樣

獅子男擁有時尚與自信，常是眾人的目光焦點。理論上獅子男是情場高手，照理說應該非常搶手。不過獅子男常會有過於自負的狀態、表現得太驕傲而讓對方卻步。所以獅子男要懂得謙虛一點，跟女孩子出去時，一定要多詢問一下對方的想法跟意見，這種貼心的行為才容易讓女孩喜歡。

### ◎原來這就是獅子女

獅子女不管是事業或是愛情，都是強勢的一方。在工作上，她是女強人，但如果在愛情當中太過強勢，常常會讓自己受傷。所以建議獅子女在交友或談感情的時候，可以多一點女性的溫柔，讓對方感受到妳的愛，這樣才有機會得到男方的青睞，進而談一場轟轟烈烈的愛情。獅子女本身就非常優秀，只要能把握自己的優勢，再多一點溫柔來調劑愛情生活，一定可以讓男人對妳死心塌地。

## 處女座：多一點浪漫，少一點完美吧！

### ◎處女男原來是這樣

沉穩內斂又成熟的處女男，其實是個計畫控，常在一見面時就把自己打算交往多久結婚、多久生子的計畫告訴對方。而愛情並不是一種計畫，而是一種感覺。所以處女男要懂得解放內心的靈魂，讓計畫控退場，用輕鬆的態度交朋友，才會更討人喜歡，讓愛情生活豐富你的生命。

**◎原來這就是處女女**

處女女有著高標準，對一切事物標準都非常高，希望能有完美的另一半。同時處女女應該要認知到：世界上沒有完美的另一半，卻可以有完美的情人。所以在愛情當中適時地降低標準，讓妳的堅持可以更有溫度，也能讓對方有喘息的空間。事實上，處女女是一個很棒的交往對象，她們溫柔體貼、能夠做好每個小細節；只要願意，一定可以找到好的另一半。

Chapter 2

# 遇見幸福首部曲

## 眾裡尋你千百度

幾天後，承漢帶了一個年齡跟他差不多的男性來幸福專賣店。我一看到他走進來，就感覺到他有點退縮。

「艾晴姐！」承漢一看到我就說：「這是我兄弟，他叫偉嘉。」

「偉嘉你好。」我伸出右手說道：「我是艾晴。」

偉嘉怯生生地伸出右手，輕輕地跟我握了一下手就縮了回去。

我帶著他們到窗邊的圓桌，示意他們坐下後說：「想要喝點什麼嗎？」

「我要卡布其諾。」承漢說。

「我都可以。」偉嘉小聲地說。

「那我一樣幫你做卡布奇諾囉。」

# 提昇自信，走出舒適圈

我端著兩杯卡布，走到窗邊的小圓桌坐下，然後對著承漢說：「有什麼需要我幫忙的嗎？」

這時承漢就說：「這是我上次跟您提到的偉嘉，他到了適婚年齡，也想要結婚了，但是他總覺得自己不夠好，所以一直沒辦法找到好對象。」

「了解。」

「事實上，偉嘉從台中一中畢業後就沒有繼續升學。為此，他感到非常自卑，畢竟同年齡的人幾乎都上了大學。其實他功課很好，但卻因為家庭因素無法進大學，而是提早進入社會工作。不知道是否因為學歷的關係，他對自己相當沒自信，與人交談的時候，頭都會低低的，不太敢跟對方眼神交會。更別說跟異性交談了。」

「偉嘉，你是這樣的人嗎？」我問他：「你碰到異性的時候，講話就會開始結巴，一句話都無法好好說出來？」

「是的。」偉嘉說：「其實我對這種情形也是感到十分困擾。雖然我不擅於跟異性溝通，卻也想要有一個戀愛的機會，甚至跟心儀對象組成家庭的願望。」

「這樣啊。」我說：「所以你單獨跟異性講話有困難？那在一群人當中呢？」

「也是會，但比較會有膽量。」

「那好！」我說：「我們幸福專賣店定時會有聯誼活動，你要不要先來參加聯誼活動。一來、在活動當中可以嘗試著與人互動，不需要直接就約會，減少了許多的尷尬。二來、活動當中總有機會開口，這樣就可以不斷地磨練溝通技巧。」

「這倒是一個方法喔。」承漢轉頭對偉嘉說：「你就試試看吧！」

偉嘉點點頭表示答應。

第一次見面要如何留下好印象呢？到底什麼樣的人，可以在第一印象中勝出？是帥哥美女嗎？還是有錢人呢？或許這些都不是真正重要的關鍵點。想要在最初的印象中勝出，必須要有一些方法，在這一章當中，約會達人會教你如何留下好印象，讓你找到速配的另一半。

當我們第一次跟陌生異性見面時，你需要有什麼樣的表現？需要抱持什麼樣的心態，才能讓對方喜歡你？在動物的行為當中，最常見的就是求偶行為，美麗的雄孔雀，就是展示引以為傲的羽毛，讓雌孔雀喜歡上牠。有些鳥類則是用跳舞的方式，來吸引另一半的好感。也有些生物是用聲音來引起好感。那麼，我們需要用什麼樣的態度、什麼樣的表現來贏得好感呢？

對於人們來說，外在條件雖然很重要，但是一個人的內在也很重要，特別是一個人的自信心。當一個人有自信的時候，自然會散發出一種特質，會吸引別人的注意力。的確有很多人覺得自己無法跟人比較，抱著自卑心去約會，結果當然是失敗收場。就算是名校畢業的人，如果有著滿滿的自卑感，想要跟異性順利地溝通，自然就會有難度。

事實上，自信心是可以培養出來的。為了要培養自信心，就必須先從認識自己、瞭解自己的優缺點開始。你有什麼樣的優點、有什麼樣的缺點，都必須誠實地面對。當你找到自己的優點時，就要懂得放大自己的優點；放大優點並不是要你自吹自擂，而是從優點開始建立自己的信心。

另外，有些人會擔心在約會的時候表現不好，於是在約會的當下，就會出現患得患失，無法以平常心面對。再加上原本就沒有什麼自信心，表現當然大打折扣囉！

對於約會，你該抱持怎樣的心態呢？簡單一句話：平常心。

很多人約會之前，都會給自己設定太高的標準，希望能夠在一次約會當中找到理想的另外一半，你給自己的壓力也太大啦！好的約會心態，應該是抱持著交朋友的想法而來。

把每一次的約會，當成是認識新朋友的機會，你就有機會接觸到生活圈以外的事物，跟他們交流生活上的心得，交一個好朋友。如果覺得彼此不適合，也可以溫柔地 say good bye。當你抱持著交朋友心態而來，就不會有這麼大的壓力。相對地，你就容易找回自信，順利地跟對方交談。

# 一見鍾情不是童話，如何打造完美的第一印象

接著承漢就問我：「那偉嘉要注意什麼嗎？」

「當然有啊！」我說：「要注意給別人的第一印象。包括你的**談吐**、**服裝**、**儀容等等，都是需要打造的第一印象**。很多人都會覺得，第一印象是給對方的印象，但其實與任何人第一次見面時，都需要建立第一印象。

「我這邊有一個案例：欣雅跟哲維都是從海外留學回台的人，所以他們約會時，一聊到國外的生活，就等於是打開話匣子，可以從白天聊到晚上，於是兩人認定對方是可以相處的朋友，認識一陣子後，也開始交往了。有一次，男方決定帶女方回家見父母，但也就是這次的見面，種下了分離的種子。

「那一天，哲維帶著欣雅回到家中，原本哲維的父母也很喜歡欣雅，覺得她是一個不錯的女孩。約莫下午五點前後，哲維的父母邀請欣雅留下來吃頓便飯，甚至已經訂好餐廳了。沒想到欣雅卻回答：不行！她必須要回家吃。最後哲維只好打圓場說：『沒關係啦，我先帶欣雅回去。要吃飯有得是時間啊！』

「但從那一次之後，哲維約欣雅的次數就減少了。經過側面了解，原來哲維的父母認為，我們都已經開口邀請欣雅留下來吃飯了，她還堅持要回去，這樣不是很不懂得人情世故嗎？這樣的人娶回家，會影響家庭和諧等等。

「但欣雅則是考慮到家裡已經有煮飯，她要回家吃。因為在外國的訓練，讓她有話直說，卻無意中得罪了對方家長。最後，欣雅跟哲維的愛情，終究還是畫下了句點。沒想到一句無心的回答，卻讓喜歡的兩人無法在一起。」

「這樣啊！」承漢說：「所以，**第一印象不只是雙方，對方的親朋好友也很重要囉！**」

我說：「任何人認識你都是從第一印象開始，包括朋友、情人、雙方父母都是。

所以好的第一印象真的很重要，兩人的溝通更加重要，像在這個例子中因為兩人來自不同的背景，這時應該靠雙方溝通了解一同解決問題，而不是一昧的希望對方符合自己或親朋好友期望的樣子。」

「那我要怎麼做好第一印象呢？」偉嘉突然開口問。

「這問題非常好。」我微笑說：「最簡單的方法是：你想要給別人什麼好印象。如果想要讓別人覺得你是認真的、嚴肅的，可能就需要穿西裝，用語要比較嚴謹；但如果是輕鬆一點的社交場合，就穿ＰＯＬＯ衫，用語就不用這麼嚴肅；如果是朋友聚會，那就簡單地穿T-shirt、牛仔褲參加，話題也會比較輕鬆。」

「那如果參加聯誼呢？」偉嘉問。

「其實也需要看場合，但我會比較建議男生穿ＰＯＬＯ衫、休閒褲，感覺輕鬆又不顯隨便，用語也該要懂分寸，不可以隨便開玩笑，這樣就會給人好的第一印象。」

「原來如此。」偉嘉說：「那就請艾晴姐幫我安排聯誼時間囉！」

**艾晴姐—小叮嚀**

第一印象很重要。

想想看，如果今天新認識一位朋友，給人的印象就是很糟糕、難相處。你還會想要跟他有第二次的來往嗎？我想大部分的人應該是不會。

依據社會心理學的「首因效應」（primacy effect）理論，人們往往比較重視最先得到的訊息，並對此做出判斷。所以，第一印象的成功，不是要人們在第一眼便愛上對方，而是要讓對方有好的印象，有好的開始，距離成功就更進一步了。

也許你會問：每個人審美觀不同，要怎麼樣才能在多數人面前留下不錯的第一印象呢？

整體而言，簡單、整潔是幾乎每個人都能夠接受也同意的正面形象，尤其是第一次和新朋友見面，最重要的就是整體的整潔程度。例如：頭髮、鬍子、口腔或身體是否有異味、指甲的細節也要注意到，只要做到這方面的整潔，基本上就有及格的第一印象了。

需要注意的是，如果有抽菸的人，特別是男士，很容易引起對方的反感。所以，有抽菸的人最好在約會之前不要抽菸，或者是把衣服換一下，不要讓菸味殘留在衣服上。夏天的時候，比較容易有汗水的味道，這時候最好換一下衣服，不要讓對方聞到異味。

接下來是衣著搭配，千萬不要太花俏或複雜，即使這是你平時的喜好，但這會讓整個人失去焦點，人們會花太多時間在你的衣著而不是你個人。但是，也不要穿著邋遢，有時候碰到工程師，準備穿著拖鞋、T-shirt、短褲就去約會，真的是會讓人替他捏一把冷汗。現在有很多成衣服飾都很有型，不管在網路或是實體商店，用不多的預算就可以穿得很時尚，不需要花大錢修飾自己，但也不要大喇喇、什麼都不打扮就去約會。

除了服裝之外，舉凡像是：鞋子髒了，換雙乾淨的鞋吧！衣服染色洗壞、領口鬆了，換件比較新的衣服吧！這些都是一些小細節，卻是對方可能會關注的地方，所以需要多花一點心思來調整。

如果想要噴香水的話，記得：不要使用濃郁的古龍水或香水，容易讓人透不過氣，無法與你接近，應該使用淡雅、清新的香水，感覺讓人好相處，這些細節都是約會前需要注意的地方。

最後，就是微笑。微笑是世界上最強大的力量。所謂伸手不打笑臉人，就是這個意思。所以，第一次約會，當對方到來時，先到的一方記得要站起來，微笑地說：「你好。」光是這樣的一起身、一微笑，既可以展現出你的禮貌與風度，也可以給對方留下好的第一印象。

除了外在的第一印象，再來就是內在的第一印象。內在的第一印象就是談吐，說話的態度是否有禮貌，說話的內容是否得體，都會影響你給別人的第一印象。

第一印象除了在約會的時候很重要，更重要的是，見到雙方家庭時，你給對方留下什麼樣的印象？偶像劇《命中注定我愛你》當中，有對白是這樣說的：「幸福，如履薄冰。」的確，幸福是需要不斷去經營、不斷去修正，特別是小細節。有很多的好姻緣，最後都敗在這些小細節上，失去了幸福的契機。

想要擁有好的第一印象，並不是難如登天的事情。但大部分的人，卻總是搞砸自己的第一印象。只要懂得做好以上這些事情，經過幾次練習之後，就能掌握其中的訣竅，讓你在對方的心中，留下好的第一印象！

# 如何破冰才不會尷尬

今天是凌琳五年來第一次約會，她很緊張；簡單地化了妝就出門，直接來到幸福專賣店。

「午安，艾晴姐。」凌琳微笑著說。

「午安。」我也給凌琳一個微笑：「怎麼早了半小時到？這麼迫不及待啊？」

「很久沒有跟男人約會了。」凌琳一邊從手提包中拿出鏡子補妝，一邊對我說：「還是會緊張啊！」

「放輕鬆。」我一邊清理吧台，一邊對凌琳說：「想喝什麼？今天我剛買了一批新的咖啡豆，要不要試試看？」

「好喔。」

「那妳先進去吧，我等等就把咖啡拿進去。」於是凌琳就先進去包廂。

半小時後，另外一個身形矮小的男人也走了進來。

「岳利，你來啦。」我對著男人說：「對方在等你囉。」

「是嗎？」岳利嚴肅地說：「那我也進去包廂囉。」話一說完就直接進去包廂，我趕緊跟了進去。

「哈囉，這位是岳利。目前是新竹某上市公司的人事經理。」我對凌琳說：「他正在尋覓讓他心動的另一半。」

「嗨！這位是凌琳，她在台中的一間中小企業公司擔任財務主管，因為跟著老闆打拚，所以現在才開始尋找能夠攜手共度下半輩子的伴侶。」接著我說：「兩位互相打個招呼吧。」於是兩人開始聊天。

經過幾分鐘後，我看氣氛還不錯，就離開了包廂，到外面忙我的事情。沒想到過了半小時後，只見凌琳氣衝衝地從包廂裡走出來，對我說：「艾晴姐！他怎麼這麼欺負人啊，我要先走了。」於是凌琳頭也不回地離開。

這情形還真讓我丈二金剛摸不著頭緒。於是我走到包廂中，坐到岳利對面說：「怎麼啦，怎麼把女孩子家弄得這麼氣呼呼地走了？」

岳利還是很嚴肅地說：「我不知道。」

「那你剛剛都說了什麼呢？」

「妳離開後，我就很直接地問她：『收入多少？公司任職狀況如何？』她回答完後，我就跟她說：『這樣的薪水很少耶，妳怎麼不去大公司應徵？這樣薪水才高啊！』她說：『這個環境很好，我工作得很開心。』我就對她說：『妳怎麼這麼沒有進取心！』」

我一聽簡直快要暈倒了，連忙問：「還有嗎？」

「當然還有！」岳利嚴肅地說：「我有問她的人生規劃，還有未來的工作想要怎麼安排，然後給她一些建議。對了，我還有說她的妝不適合面試。」

「天啊！岳利！」我對他說：「OMG！不要把你在人資的那套拿來談戀愛好嗎？

你們應該要聊天的話題，是兩個人的個性、兩個人對婚姻的想法，不是來做人資測驗跟未來規劃的，好嗎？」

「是這樣嗎？」岳利有點疑惑。

「當然，」我無奈地對他說：「我們可能需要好好溝通。」

接著我請岳利來到吧台，對他說：「我之前有一個案例跟你的情況很類似。我的那位朋友任職於一間科技公司，過去的他忙於工作，所以沒有談過戀愛，年近四十時，覺得自己應該要有一個伴，所以開始尋覓對象。在網路上試過幾次，也透過朋友介紹幾個對象，卻總是無疾而終。最後他找到我，希望我幫他找到理想的另一半。

「每次幫他排了一些約會對象，不是無疾而終，就是被女方說：『下次不要再碰到這個人了！』這讓我十分意外，因為他看起來不是難相處的人啊！於是我開始抽絲剝繭，詢問了過去跟他約會的對象，看看到底出了什麼問題。最後，發現到他都會問對方：『妳年紀多大啦？』、『妳的收入多少啊？』、『家中環境如何？』、『為什麼還沒有結婚？』、『妳的妝畫得太濃了！』、『妳想要生小孩嗎？』之類的問題，讓跟他約會的人很傻眼。

「於是我就對朋友說：『你知道為什麼約會過的對象，都不願意跟你聯絡嗎？』」

「不知道，他們不喜歡我吧。」他說：「但我是說真心話啊！」

「天啊！他竟然還不知道問題就是出在這。我心裡嘀咕著，但還是耐心地對他說：『約會不是面試。』」

「你們幫我排對象，不就是我來挑選人嗎？」他納悶地說。（那時我的ＯＳ是：這不是後宮選妃啊！）

「最後我只好跟他說：『我這邊是提供一個平台，讓男女雙方可以有機會認識彼此。所以，怎樣經營跟對方的關係，還是要你自己去面對跟學習才行。你問那些問題，會讓對方覺得我是在面試，而不是在約會。這樣女方會想要跟你在一起嗎？』

「同樣地，你的情況也很類似。」我說：「約會不是面試，而是在尋求彼此的契合度。」

「這樣啊！」岳利說：「那我該怎麼做呢？」

「你可以多問一些關於興趣、玩樂、旅行等話題。」我說：「先聊一些輕鬆的話題，找到共同的興趣。」

「但是我很少接觸耶，」岳利搔了搔頭說：「那該怎麼辦？」

「沒關係，我這邊有很多的學習活動，你可以先來參加，多培養工作之外的興趣，對未來的感情生活會更有幫助。」我說：「在第一次約會之前，通常兩個人都是陌生人。在彼此都不認識的情況下，要如何才能知道對方的習性、想法與習慣呢？這時候懂得提問、聆聽跟察言觀色就變得十分重要。」

「那我可以先報名什麼課程嗎？」岳利問。

「下週有教溝通的老師開課，我先幫你預約。」

「沒問題，我一定到。」

很多人約會時，特別是年紀大一點的人，都會覺得時間寶貴，最好今天認識、明天就去公證結婚。但是，感情並不是速食，不是馬上就可以一步登天。相反地，感情需要經營，如果沒有好的方法來經營感情，很快就會走上離開一途。

那麼，我們要如何在雙方未曾謀面的情況下，進行良好的溝通呢？首先，要觀察對方，也就是察言觀色的能力；再來就是有禮貌，一個有禮貌的人，總是能獲得更好的第一印象。

## ◎察言觀色

除了要學會提問跟聆聽之外，察言觀色也非常重要。即便再面無表情的人，都會有一些細微的表情。有時候，當你說到某個話題時，對方的臉色一沉，你就該知道，這話題不能停留，應該快點轉變話題，這樣才不會尷尬。

除此之外，你可以透過察言觀色去發現對方的個性。她所配戴的飾品、化的妝、擦的香水等等，都可以提供許多訊息。甚至，你還可以因此透過這些找到話題，讓你們有更多的話能聊。

還有，一定要記得溝通的原則，就是見人說人話，他是什麼樣的人，就用什麼樣的語言跟他對話。舉例來說，透過提問之後，知道對方任職公務員後，可以觀察一下對方的穿著，如果是比較嚴肅一點的裝扮，那麼你就知道開玩笑的尺寸要拿捏，不要說的太過分。如果是服務業的人，就可以多聊一些服務上的話題，帶點輕鬆的氣氛，可以活絡這次的約會氛圍。

第一次碰面時，什麼樣的特質容易讓對方留下好印象呢？就是好的態度。好的態度會讓人感受得到，就算對方沒有接受追求，但別忘了，她還有朋友、有朋友的朋友，這些都會是你的口碑來源。

其實，每個人都可以擁有愛情的機會，但是你的付出、你的努力，才是真正擁有幸福的機會。有很多人約會過一、兩次，就覺得自己這輩子沒人要了，所以索性自暴自棄，不願意接觸更多的機會。但是，愛神並不是突然降臨，祂早就幫你牽好紅線，只是你還沒有遇到而已，如果自己已經剪了腳上的紅線，幸福當然不會來臨。

事實上，好對象是需要很多的鋪陳。老天爺要給你一個對的人之前，一定會考驗你是否願意等待那個對的人，所以祂給你很多錯誤的對象，就是為了要看看你是否願意不斷嘗試，好讓你找到值得上心的人。

在電視劇《必娶女人》當中，柯佳嬿飾演的女主角，在婚禮當中被眾人奚落的時候，她哭著說出一段話：「我一直覺得這個世界，跟童話故事很不一樣，一個女人不知道要吻過多少隻的青蛙，才會遇見真正的王子。」真實世界，沒有童話，屬於自己的幸福，必須要自己去爭取來。

不管是男人、女人，命運都是掌握在自己的手裡。能不能擁有幸福，並不是老天的決定，而是你做了多少的努力。所以，在遇見對的人之前，請多保持開放的態度，用最優雅的態度面對自己的愛情，就會成為最後的贏家。

但是在成為贏家之前，請多多學習。學習如何觀察對方、如何跟對方溝通，更重要的是，成為一個有禮貌的人、一個更好的人，當對的人來臨的時候，你便是那個準備好，等著迎接幸福的人。

## ◎有禮貌

不管是誰，都會喜歡有禮貌的人，約會時也是如此。最基本的禮貌就是提早到，這樣會讓人感覺到你很重視這次的約會。還有，在談話中一定要記得多微笑，不要看手錶、不要滑手機，女生的妝不要化太濃，男生的身上不要有菸味，這些都是基本的禮貌。

等到約會結束之後，記得跟對方留電話或者是Ｌｉｎｅ的ＩＤ，除了可以直接說：「可以給我妳的電話或ＬｉｎｅＩＤ嗎？」另外，你也可以先寫下自己的電話或ＬｉｎｅＩＤ，然後遞給對方：「這是我的電話（或ＬｉｎｅＩＤ），不知道是否有這個榮幸成為妳的朋友？」用另一種方式來延續彼此的聯絡機會。如果她堅決不給，那麼，你應該要知道意思。

**有禮貌，是好關係的開始。有好人緣，才有好姻緣！**

— Column 2 —

## 給你一雙透視眼：十二星座教戰手冊（下）

### 天秤座：俊男美女的製造中心，喜歡有才華的對象

**◎天秤男原來是這樣**

天秤座是十二星座當中，帥哥美女最多的星座。大部分的天秤男，不只長相帥氣，對於服裝搭配也很有自己的想法，總是追著時尚的潮流。所以在約會時，很容易擄獲對方的芳心。加上天秤男喜愛社交、能言善道，約會時總是能夠引領氣氛不冷場。但要提醒天秤男，任何事情都不是完美平衡，要懂得看到對方的優點，忽略對方的缺點，這樣才能更加討人喜歡。

**◎原來這就是天秤女**

天秤女總是走在時尚尖端，她們對於美的事物很挑剔。所以要跟她比美感，那就是魯班門前弄大斧。天秤女真正會佩服的對象，是有才華、有氣質的男人。如果想要擄獲天秤女的芳心，就要讓自己多一點品味、多一點才華，讓她喜歡

你的氣質，這樣才能有機會繼續走到下一步。

## 天蠍座：神祕難測的星座，需要你抽絲剝繭

### ◎天蠍男原來是這樣

天生就帶有一股神祕氣息的天蠍座，對於個人的隱私非常重視，所以他會盡力保護個人資料，絕不輕易透漏。相對地，他對對方很好奇，會想要偵查有關女性的一切。其實天蠍座很好懂，妳給他隱私，他就會給妳想要的愛。

### ◎原來這就是天蠍女

天蠍女相信直覺，恰好她們的直覺都很準。她們相信第一印象，如果第一眼沒有吸引到她們，就會被直接打入資源回收桶。所以，想要擄獲天蠍女的心，就得要讓她們心中留下好的第一印象，這樣才有機會抱得美人歸。

## 射手座：我愛自由，自由愛我！

### ◎射手男原來是這樣

射手男腦袋當中，最重要的關鍵字就是自由！如果他想要定下來，就代表

他的年紀到了，或是碰到理想的對象，願意讓他們飄蕩的心有一個歸宿。雖然射手男很愛自由，狂放不羈，但只要他願意定下來，就會成為一個愛家的好男人。

### ◎原來這就是射手女

活力四射的射手女很喜歡跟人群接觸，在群體當中也常主導話題。但在愛情當中，射手女變得畏懼，害怕在愛情中變得不自由，變成一隻籠中鳥。所以，想要追到射手女，一定要給她空間，讓她確信兩人在一起她也可以完成自己的夢想，那麼她願意跟你在一起的機會，自然就會大大增加。

## 魔羯座：我覺得工作比愛情有趣！

### ◎魔羯男原來是這樣

工作上，摩羯座是瘋狂的工作者，充滿旺盛的精力。然而在愛情中，魔羯男還是幼稚園程度，他們不知道如何跟對方溝通，只要跟異性面對面，靦腆的感覺就會油然而生，然後不知所措。想要進入魔羯男的心，最好從工作聊起，他們會很願意分享工作上的事，並且給予許多建議，無形中就能拉近彼此間的距離。

◎**原來這就是魔羯女**

做事有條有理、一板一眼的魔羯女，非常重視安全感。所以常常喜歡問對方收入、工作狀況，是否努力上進等。會問這些問題，並不是魔羯女白目，而是這樣的答案才能給她們安全感。所以，想要追求魔羯女，一定要滿足對方的安全感，這樣才能有機會跟她們建立好關係。

## 水瓶座：知性、有才華，卻是愛情膽小鬼！

◎**水瓶男原來是這樣**

水瓶座是十二星座當中，最有自己想法的星座。很會做自己的水瓶男，不管是外表打扮到內心的價值觀，都不會想跟其他人一樣。不甘於平凡的水瓶男，希望遇見一個願意欣賞自己的對象，崇拜自己、喜歡自己，讓自己成為對方才華洋溢的另一半。

◎**原來這就是水瓶女**

水瓶女是一個知性的族群。她們有自己的想法，自由戀愛就是她們的代表。

剛開始接觸水瓶女時，會感覺她們不容易親近，但只要通過第一道關卡，之後的一切就是康莊大道，就如同水瓶一樣，瓶口狹隘，內部寬敞。水瓶女對於愛情是既期待又怕受傷害，所以她們經不起被騙，身為水瓶女的另一半，最好可以坦承相對，這樣才能永浴愛河。

## 雙魚座：期待公主與王子相遇的夢幻星座

**◎雙魚男原來是這樣**

雙魚座是一個夢幻星座，他們充滿陰柔的氣息。雙魚男有著女性化的一面，也有陽剛的一面，他們總是處於矛盾的狀態。雙魚男很被動、慵懶，總是期待人家安排好事情，而他就只要配合就好。但是夢幻的他們，在愛情中也有多情的一面，在戀愛時，他們總是搭配著浪漫行動，風靡許多對象。

**◎原來這就是雙魚女**

雙魚女是天生的女人，她們希望自己是童話故事中的公主，希望有王子騎著白馬，馬蹄噠噠地從遠方來尋覓自己。在愛情當中，總是有過多的幻想與執著，常會把明星跟現實交替，忘了如何好好地活在現在。如果想要跟雙魚女交往，一定要投其所好，多惡補一些偶像劇、明星，會讓雙魚女很快跟你拉近距離。

my girlfriend
my boyfriend

Chapter 3

# 遇見幸福二部曲

## 打造開啟幸福的鑰匙

交往的第一步是認識對方；當彼此有好感，才能走到第二步。那麼第二步是什麼呢？就是交朋友。為什麼是交朋友？很多人會認為，這時候不是要談交往嗎？如果你這樣想的話，那就太急了。

**談感情不是急就章，而是需要鋪陳**。從認識對方開始，就要給對方好感，接下來，就是要對方跟你做朋友。交朋友是一個進可攻、退可守的位置，朋友可以進展成男女朋友，但也可以是一般朋友，或許有機會從對方的朋友圈中認識到不同的人。

交朋友就是一門藝術。多了，怕對方認為你猴急，失了契機；少了，怕對方認為你沒誠意，失了先機。要如何拿捏當中的分寸，就是需要學習的地方。

# 莫急莫慌莫害怕！
# 先從做朋友開始

下午，我撥了通電話給凌琳。

「艾晴姐，是上次那位岳利嗎？」凌琳不悅地說：「他上次很羞辱人耶！」

「我有跟他溝通過了，這次不會啦！」我苦笑著說：「其實他對妳的印象很好，那些話只是他的職業病啦！」

「所以這是要我多給他一次機會的意思嗎？」凌琳冷笑了一下：「哼！早知如此，何必當初！」

「妳不會想要跟他再碰面一次嗎？」我問。

「是可以啦，」凌琳說：「但如果我覺得不舒服，我就馬上走人喔。」

「當然，我一定是站在妳這邊啊。」我笑著說：「那就下週二晚上碰面囉？」

「好的。」凌琳說完後就掛上電話。

過了幾天，岳利已經先到了幸福專賣店；半小時後，凌琳也到了。

「凌琳小姐，」岳利一看到凌琳馬上開口說：「我為我上次的無禮跟妳道歉。」

「知錯能改，不錯。」凌琳笑著說：「但你怎麼會想要再約我呢？」

「其實，我對凌琳小姐的印象很好，只是我的習慣，加上我不擅言詞，所以會把工作那套帶進來，對您真的很不好意思。」

「沒關係。」凌琳說：「那我們好好聊聊天吧！」

**艾晴姐─小叮嚀**

溝通是人際關係當中，最重要的一門課題。好的溝通，可以如沐春風；壞的溝通，讓人快要發瘋。想要有一門好姻緣，就要懂得如何跟對方溝通。

很多人容易把毒舌當作會説話，把賤嘴當神回，卻沒有想到，人跟人之間最重要的溝通，是建立在彼此的尊重上、建立在彼此的舒適上。如果一味地逞口舌之快，卻沒有思考到自己要的是什麼，到最後就會發現，除了一張利嘴之外，無法尋覓自己的幸福。

想要學會溝通並不難，但是你得要先學會一件事情，那就是——尊重別人。懂得尊重別人，是溝通上最重要的事情。有些人認為自己工作上很厲害，因此變得不讓人，失去了對人應有的尊重。但真正厲害的人，是懂得尊重別人，懂得如何與人相處。在談感情的時候也是如此。

男女雙方在還沒有交往之前，其實都是朋友關係。但這樣的朋友關係，跟一般的朋友又有所不同，卻又不是完全不同，很多人就會在這邊認為自己跟對方已經是一對，結果踰越了朋友的分際，開始限制對方的行動、想法，最後不但沒有談成感情，反而落得一場空。

## 溝通的三大工具

凌琳跟岳利兩個人相繼走進包廂，但我的心也揪了起來，深怕又出了什麼事，不禁讓我回想到兩週前的事情。

兩週前，岳利來上溝通課程，老師的第一堂課是教導如何讚美對方，在練習的時候，岳利竟然說不出任何讚美的話，這時候老師問岳利：「你真正想要說的話是什麼？」

岳利說：「我覺得對面的人長得不怎樣，感覺上也沒有什麼好稱讚的啊。」

這時候老師反問岳利：「那你會稱讚自己嗎？」

「不會耶，」岳利說：「但我覺得自己很優秀。」

我聽到岳利這麼說，心裡就捏了把冷汗，心想：原來岳利是覺得別人都不夠優秀啊！

接著，老師引導岳利，要他有更多的好奇心，去看見每個人的不同，學習與人溝通。岳利剛開始真的很不習慣這麼做，但是他也願意不斷嘗試，漸漸地懂得跟別人聊天，也會給予別人正面的肯定，雖然還是卡卡的，至少他跨出了那一步。

到了上週，他跟我說：「艾晴姐，可以幫我約上次那位小姐嗎？」

「什麼！」我納悶地說：「你不是不喜歡人家嗎？」

「沒有啊，我其實滿喜歡她的。」

「那你幹嘛數落對方？」

「哎呀！」岳利說：「我那時候就不懂得如何溝通啊。」

「好吧，我來問問看，但不保證。」

過了大概一小時後，兩人從包廂一起走了出來。只見凌琳笑盈盈地對我說：「艾晴姐，我有會議要開，先離開了。晚點跟妳通電話。」

凌琳走後，我把岳利拉住，趕緊問：「你們聊得怎樣？」

「我一進去就先跟她道歉，請她原諒我之前的無禮。然後我看著她，說她今天穿得很好看，很能襯出她的氣質。接著我們開始聊天，我問她有哪些興趣、休假都去哪？結果我發現我們都喜歡貓咪，我也剛好有養貓，所以就一直聊關於家裡貓咪的事情，聊得很愉快呢。」

「那很好啊！」

「然後我就約她下個禮拜到我家來看貓。」

「她的回答是？」

只見岳利靦腆地說：「她說好。」

「Good Job！」我說：「看來是好的開始，你要好好把握啊！」

**艾晴姐－小叮嚀**

事實上，不管是不是男女朋友，人跟人相處，都是獨立的個體，彼此需要相互尊重，這樣才能擁有好的溝通前提。先有了好的溝通前提，才有機會使用對的溝通工具，進行良好的溝通。

## ◎溝通的三項工具：

### 一、提問

或許你會想：問問題這還不簡單嗎？不就是５Ｗ１Ｈ（When、What、Who、Why、Where跟How）嗎？這有什麼難的？

沒錯！問問題並不難，但是要如何在對的時間、問出對的問題，這就是一件難事。舉例來說，想要知道對方有什麼樣的興趣，要怎麼問？想要知道對方喜歡吃什麼，要怎麼問？如果直接就這樣問對方：「你喜歡吃什麼？」、「你的興趣是什麼？」、「想去哪個國家玩？」這樣很像是在拷問犯人，沒有任何人喜歡被這樣對待。

那你該怎麼提問呢？

問題大致上區分為兩種，一種是開放式的問題，一種是封閉式問題。開放式的問題是在搜索對方的需求，了解對方喜歡什麼、不喜歡什麼、愛吃什麼、不吃什麼。透過開放式問題，可以建立對方的相關資訊，拼湊出有關對方的藍圖。

但是在提問的時候，必須要有點技巧，千萬不能像剛剛說的那種拷問方式。而是必須要有前導句，像是：「我很喜歡出國玩，上次我才去過韓國釜山跟慶州，覺得他們的文化保存得很好。所以，你喜歡去哪些國家旅遊呢？」先講自己的事情，然後再把問句放進去，會讓人比較容易接受，也比較願意回答你所提出來的問題。

當你蒐集相關訊息之後，再來就可以使用封閉式問句來徵詢意見。所謂的封閉式問句，就是對方的回答大部分都是「是」或「不是」。舉例來說，當你知道對方喜歡吃日本料理時，也覺得關係可以進展到約下次碰面的時間，這時候你可以問對方：「我知道在中和有一間不錯吃的平價日本料理。老闆用料新鮮、價格公道，下次我們一起去那邊吃，好嗎？」這時候對方回你的問題，通常只會有兩個：「好」或「不好」。

可是，如果對方說「我再考慮看看」呢？那你就要識相一點，代表對方有可能是婉轉地拒絕你，或者是對方還有其他的想法，這時候你就要懂得分寸，不要繼續追問到底，到最後只會讓場面難堪。

## 二、傾聽

傾聽就是全心全意地聽。把對方的喜好、興趣，都建立在你的資料庫當中。什麼是最好的傾聽呢？就是毫無雜念聽對方所說的話。絕大部分人在聽對方說話時，都會想好等一下要應對什麼話。像是對方說：「最近去日本，到了奈良的神社去餵鹿，覺得動物真的很可愛，希望以後可以養小動物。」結果你沒有好好聽對方說的話，就回對方：「對啊！我也很喜歡出國玩，我最喜歡的就是去泰國，泰國的水果很便宜、很好吃。」這時候對方可能會翻白眼，心中ＯＳ：「我是跟你在說出國玩嗎？我是在說我想要養小狗小貓，你聽不出來嗎？」這樣的傾聽品質，不會讓人對你產生好感。

所以，想要做好傾聽，需要有一些小技巧。

第一、做筆記。心裏記下對方講話的重點，私下可記錄下來，再次見面時可適度提起來對方講過的話，他/她還會覺得你很貼心呢！

第二、適時地回應：「對！」、「沒錯！」、「真的嗎？」傾聽並不是要你什麼話都不說，而是要懂得掌握溝通的節奏，給予相對應的回答。就像是說相聲一樣，有人逗，就要有人捧，在溝通當中，傾聽者就是捧著對方，適時地給予回應，就會讓人感覺到備受重視。

第三、要懂得整理對方的話，聽出弦外之音。這一點或許剛開始很難做到，但懂得聽出來就是大加分。以剛剛的對話為例，如果你聽出來對方是想要養貓、養狗，你可以回答：「對啊！小動物真的很可愛，我也很希望能養隻小貓咪，增加生活樂趣。」（當然前提是你得真的喜歡）如果你不喜歡小動物，但聽到對方這麼說時，該怎麼回應呢？這時候你可以說：「小動物真的很可愛，所以需要很多的時間跟耐心，而我對小動物真的沒輒，如果真的要養寵物，還需要你的愛心來照顧牠們。」

傾聽是溝通最基本的橋樑之一。有時候，對方說了很多話，並不是要你回話，而是需要你聽出他心中的感受。你所需要做的事情，就是傾聽、陪伴，就足以贏得對方的心。

## 三、讚美

俗話說：「千穿萬穿，馬屁不穿！」喜歡聽好話，是一種人性。就算想要聽缺點的人，其實心裡面也想要聽聽看有哪些優點。絕對不要傻傻地相信「我不喜歡聽優點，我只喜歡聽缺點」這句話，這叫做客套話。如果有人真的對你說了這句話，千萬不要真的數落一堆缺點，而要懂得加上優點來映襯。像是：「你的缺點就是太講義氣，對什麼人都掏心掏肺，但這也是我喜歡你的地方。」、「你的缺點就是說話太酸，這樣會得不到人心。不過，說話快代表你腦筋動得快，如果能夠說話好聽點，一定是相得益彰。」講了缺點一定要加上優點，這樣才不會惹人嫌。

讚美別人，一定要讚美到位。很多人讚美別人的時候，總是説：「好漂亮！」、「好帥！」、「好棒！」、「好有魅力！」這樣的言論偶一為之，倒是會讓人開心，但如果可以加上一些事實，就會讓人更喜歡你説的話。

讚美公式：形容詞＋事實＝好聽的讚美。

舉例來説，當你要讚美對方漂亮，如果你只是説：「妳好漂亮！」對方或許沒什麼感覺。但如果跟對方説：「哇！妳今天穿的裙子顏色很好看、花色很自然，衣服的設計簡潔俐落，有種冷豔的時尚感，跟妳的感覺很搭，整體看起來漂亮極了！」這樣一説，就會讓對方感覺到你是打從心中覺得她漂亮，因為你説得出來為什麼。

再來，稱讚別人的時候，記得語彙要夠豐富，不要只是一般的詞彙，會給人一種「一般般」的感覺。當你想要形容對方很有想法，不要只是說：「你的想法很酷！」、「你想法很棒！」而是多一些詞彙，像是：「你的見地真的不落俗套。」、「你的看法真是與眾不同，令人讚歎！」、「你的想法跟一般人不同，給的建議令人拍案叫絕。」這樣的說法，會讓人對你的稱讚更有感覺。

所以，當你要稱讚別人的時候，千萬不要只會用形容詞，而是要懂得運用豐富的語彙，跟現實當中的既成事實結合，自然可以「讚」到他人心裡，讓人對你印象滿分。

提問、傾聽跟讚美，是三個非常好用的溝通工具，如果懂得善用這些工具，自然就能夠建立好關係，先從好朋友開始做起。好的親密關係，總是先從朋友當起；如果沒有成為好朋友，是很難進展成為好的男女朋友。

# 懂得笑，就能化解衝突！

某天下午，我正在整理資料的時候，同事鳳姐對我說：「艾晴，外面有人找妳。」

我趕緊走了出去，看到一個中年男子坐在吧台，一派輕鬆地對我說：「艾晴姐！好久不見啦。」

「原來是柏廷啊！」我說：「什麼風把你吹來啦？」

「我跟巧巧要結婚啦。」柏廷說：「我是來送喜帖。」

我開玩笑地說：「她確定要你這個挑夫囉？」

看著柏廷的喜帖，不禁讓我想到他們之間的許多事情。柏廷有過一次婚姻，那次婚姻有過慘痛的經驗，讓他對於感情有許多心得，也多了一些包容。後來，他認識了一樣是離過婚的巧巧，兩人一見鍾情，馬上墜入了愛河，沒多久就同居在一起。

但是，只要是人跟人相處，總是會有摩擦，每一次都是柏廷的包容，才不致於起大衝突。人包容久了，總是會累。有一次，柏廷跟巧巧大吵了一架，柏廷竟然沒有哄巧巧，這讓巧巧非常生氣，決定分手。那時候巧巧打了電話給我，對我哭訴柏廷的事情。巧巧一邊哭，一邊說：「艾晴姐，妳知道柏廷有多過分嗎？以前我不開心的時候他都會哄我，但是這次居然沒有耶！妳說，他是不是不愛我了？」

當時我輕輕地對巧巧說：「巧巧，是不是每次吵架，都是柏廷讓步呢？」

巧巧說：「對啊！」

「如果一個人讓久了，會不會倦怠呢？」

「我不管啦！」巧巧哭著說：「他一定是不愛我了，我要跟他分手，妳幫我找找更好的人啦！」

聽到巧巧情緒性的言論，我也只好先安撫她：「好啦，艾晴姐知道。」

接著巧巧跟我吐了一個多小時的苦水。

第二天，巧巧開始收拾行李，準備搬離同居的地方，巧巧開始收東西的時候，柏廷剛好回來，他眼睜睜地看著巧巧把東西放入行李箱，卻一言不發。

等到巧巧收好東西，柏廷就說：「巧巧，那個衛生紙妳不帶走嗎？那是妳買的耶。」巧巧聽到柏廷這麼說，就去儲藏室把衛生紙拿了出來。這時候柏廷又對巧巧說：「巧巧，那個吸塵器是我們一人一半買的，都給妳吧！」於是巧巧又去把吸塵器拿了出來。接著，柏廷一直提醒巧巧，她應該要拿哪些東西，這讓巧巧從一卡皮箱變成一堆行李。

這時候，柏廷對巧巧說：「巧巧，妳要拿這麼多東西，會不會太辛苦了？要不，妳也把我這挑夫帶走吧！好嗎？」柏廷說完這段話之後，巧巧突然楞了一下，然後抱著柏廷，輕捶他的背說：「你這壞蛋！這樣戲弄我！」然後他們兩人就合好了。

我一想到這件事情，不禁微笑了起來，柏廷聽到我的問題，就知道我想起了那件事情，對我說：「艾晴姐，妳又要取笑我了！」

柏廷離開後，我連忙撥了通電話給巧巧：「恭喜巧巧呀！」只聽巧巧笑著說：「柏廷送喜帖過去囉！」

「對啊。」我說：「但我有個問題要問妳。」

「艾晴姐請問。」

我問巧巧說：「為什麼妳最後還是選擇了柏廷？」

巧巧笑著說：「因為他會逗我笑。讓我知道這輩子跟他在一起，我的生活一定不會無聊。」

**艾晴姐—小叮嚀**

要陪著一個人過一輩子，除了互補的個性之外，懂得讓對方開心，才能讓生活中增加更多的樂趣，這輩子才不會無聊。而幽默感就是可以陪你走一輩子的能力，可以讓你的生活增添許多笑容。

微笑是人類共同的語言。不管任何人種、說的是哪些語言，當你微笑的時候，所有的人都會對你報以微笑。這裡所談的笑有兩種意義，第一種是笑容，也就是你臉上掛著的微笑；第二種意義就是幽默感，一個有幽默感的人，會讓人會心一笑。

笑容是最有魅力的語言。一個有笑容的人，可以人見人愛。甚至可以說：愛笑的女人最美麗，愛笑的男人最帥氣。尤其是發自內心的微笑，是最具有吸引力的溝通工具。約會達人曾經碰過一個國小老師，她的笑容非常具有親和力，那是一種發自內心的微笑，跟她約會過的人都非常稱讚她，覺得她是一個非常好的對象，當然她也很順利地找到如意郎君。

所以，想要擁有好的親和力，最簡單、最不費力、最不需要錢的方法，就是微笑。透過微笑，可以讓你增加魅力，讓你的人氣不斷上升。以《冬季戀歌》走紅國際的裴勇俊，粉絲對他最大的印象，就是那一抹充滿親和力的微笑。所以，想要增加自己的親和力跟吸引力，就要懂得多微笑。

但是，要提醒各位的是：千萬別呆呆地傻笑！有一些人，總是會莫名其妙地傻笑，這不但不會吸引人，還會嚇壞別人。曾經有聽過一對男女約會，兩人話說到一半，女方突然「呵呵」傻笑了兩聲，然後又神態自若地跟對方聊天。沒想到這兩聲笑容反而讓男方起疑心，想說對方是不是中邪？怎麼無緣無故地傻笑兩聲，然後又沒有下文，嚇得男方藉故尿遁，讓女方氣得半死。

後來詢問女方，怎麼會突然傻笑兩聲，女方則解釋說，兩人聊到一半的時候，她突然間想到一件令人發噱的事情，所以就不自覺地笑了出來，但因為跟約會沒有關係，所以也沒特別解釋，沒想到卻讓男方誤會了。所以，沒事別傻笑！如果在談話中突然想到什麼好笑的事情，也要記得解釋一下，免得讓人覺得尷尬。

第二個笑的含意就是：幽默感。很多人搞不清楚到底幽默感跟白目酸人差在哪裡？其實，這兩者只有一線之差，所以在溝通的時候，一定要拿捏好當中的程度，才不會弄巧成拙，想要逗笑別人，卻反而惹怒他人。但要怎樣有幽默感呢？最簡單的方法，就是先學會說笑話，再來就是學會自嘲。

千萬別小看說笑話，想要說好笑話，必須要經過練習。有些人說笑話的時候，笑話都還沒說完，別人都還沒聽懂，自己就笑到不行，這不但沒有說笑話的效果，反而讓人臉上三條線。想要說好笑話，就必須要經過反覆練習，語氣、聲音，都要配合笑話的內容，說到笑點的時候，還必須要忍住不笑，等著別人會心一笑，這些都是需要經過重複練習，才能逐步上手。

再來，就是學會如何自嘲。自嘲並不是要把自己的尊嚴往地上踩，而是善用自己的缺點，轉化成可以炒熱氣氛的笑點。有個笑話是這樣說的：有個禿頭跟朋友吵得不可開交，朋友對禿頭酸溜溜地說：「對啦，你最聰明！」沒想到這禿頭就對朋友說：「當然啊！」然後指著自己的禿頭說：「我都聰明『絕頂』了！」逗得朋友笑了出來，當然也就吵不下去了。

幽默感是人際之間的潤滑劑。有時候，當情侶吵架的時候，也可以用幽默感來化解。

# 當一個「狀況內」的溝通者

某天午後，我一個人坐在窗邊的小圓桌，看著窗外下著小雨，細細啜飲著牙買加藍山咖啡，遠遠看見一位女性走進大樓，那道身影感覺似曾相識。沒多久，幸福專賣店的門就打開了，那位女性走了進來。

「哈囉，艾晴姐！」那位女性熱情地打招呼。我定眼一看，原來是半年前來過的涵盈。

「涵盈，這邊坐。」我招呼她：「半年不見了，跟彥富交往了嗎？」

只見涵盈坐到我對面，低著頭、含蓄地點點頭：「我們最近正式交往了。」

「不錯啊，」我對涵盈說：「感覺你們真的很相配啊！」

這時候我站了起來，走到吧台倒了一杯咖啡，端到了涵盈的面前。

涵盈輕輕地說：「我知道認識我之前，彥富已經離婚兩年了。第一次結婚的時候，他才二十四歲。年輕的他還是有顆愛玩的心，所以常常很晚回家。妻子為了擺脫這樣的婚姻，在生下第二胎之後沒多久，就跟彥富協議離婚。那一年，彥富三十歲。從那時候開始，他說獨自撫養五歲大的大兒子，一個人父兼母職，終於體會到妻子為什麼離他而去。」

「我有跟彥富聊過，過去幾年的他，的確不可取。」我說：「後來他沒有打算再談感情，但彥富的媽媽看不慣兒子一個人獨自撫養小孩，一直希望他再找個對象，於是就到我這來，希望能幫彥富再找一個伴。而孝順的彥富也乖乖地來我這邊報到，只要我找他來，他都乖乖地來。」

「真的喔？」涵盈似乎不知道有這一段。

「是啊！」我說：「但由於彥富曾經結過婚，所以願意跟他在一起的對象並不多，而彥富也抱持著碰運氣的態度，又過了幾個月。後來，妳來我這邊報名，想要我幫妳找另外一半，剛好妳也是單親家庭，而彥富也是，當時我就想：或許你們會是速配的一對，所以才安排你們約會。」

「原來如此。」涵盈說：「我真的很感謝妳安排這麼好的一個人給我。」

「怎麼說？」

「當時，我們兩人相談甚歡，雙方互有好感。但我也結過婚、一個人撫養著女兒，對於要不要進入另外一段感情，我還是抱持著觀望的態度。所以剛開始我只想要跟彥富當一對好朋友。雖然我們彼此常常聯繫，兩人的小孩也常常玩在一起，但我卻沒有想要接受彥富的追求。」

「理解。」我說：「有時候在婚姻中受傷的人，很難走得出來。」

「對啊。」涵盈說：「但最近發生了一件事情，讓我很感動。

「有一天，我忙過頭忘了去接女兒，趕到幼稚園的時候，卻看到幼稚園已經沒人了，那時候我急得拿起電話想要聯絡園長。正當我要打電話出去時，卻看到電話上有則訊息：『涵盈，我是彥富。我把妳女兒接到我這來了，小朋友剛剛在幼稚園遲遲沒有看到妳、打妳電話也沒接，所以就打了電話給我，我就去把她接過來。』

「當我看到這則訊息，眼眶紅了、眼淚也掉了下來。那天晚上，我就答應了彥富的請求，正式開始跟他交往。」

「真的很棒！」我說：「我聽得都感動起來了！」

「我今天來是要告訴艾晴姐，不需要再幫我排約了。」涵盈甜甜地笑著說：「我現在已經有彥富了！」

六個月之後，彥富向涵盈求婚，再次步入禮堂，成為一對幸福的伴侶。

在涵盈結婚的前一晚，我撥了通電話給彥富，對他說：「離過婚的女人，通常很難接受另外一段感情。尤其是像涵盈一樣，還帶著一個女兒，重新步入禮堂的意願並不高。

「但是你的深情，一直衝擊涵盈的心，最後讓她敞開心防的癥結點，是你把她的女兒當作自己的一樣，接到她女兒的電話就來接她下課。就是這樣的一份貼心，讓涵盈願意重披白紗，成為你的新娘。所以，你一定要好好珍惜這得來不易的好緣分！」

「我知道。」彥富說：「因為有過去的失敗經驗，讓我更加珍惜這次的婚姻。也謝謝艾晴姐，能夠牽成我跟涵盈。」

「那麼，祝福你們百年好合、永結同心！」

艾晴姐一小叮嚀

人與人相處的過程中，有時候需要將心比心，站在對方的角度幫對方思考，才能讓人相處起來更加融洽。而這樣的將心比心，這些站在對方角度、幫對方想的思維，就是同理心。

想要培養同理心，有幾個重點：

**一、包容對方的缺點**

人跟人之間的相處，必須要認知到一件事情：沒有人是完美無缺。

既然是人，就一定有缺點，如果一直放大對方的缺點，一直要對方改進缺點，那就會讓自己陷入痛苦的深淵。畢竟，在感情當中，我們是要找一個廝守一生的對象，而不是花費心力打造自己的偶像。所以，多多包容對方的缺點，盡量少看對方的缺點，就是放過自己，讓自己更快樂。

## 二、欣賞對方的優點

一個人不會只有缺點；相反地，他一定也有更多的優點，但如果一直看到對方的缺點，總是像偵探一樣在尋找對方身上出錯的地方，就沒有機會看到對方身上的優點。

要怎麼樣欣賞對方的優點呢？拿出一張紙，在白紙寫上所有他對你好的一面，他做過哪些事情討你開心，他曾經為了你做了哪些傻事，他在工作上、家庭上、感情上，都有哪些優點跟好處，最重要的是，他有多喜歡你！這樣你就會發現，原來常常被你嫌棄的人，有著許多的優點。

## 三、多多感謝對方的付出

在這個世界上，沒有人有義務對另外一個人好，就連親身父母都一樣。但是，他們為什麼要對你好呢？最簡單的原因就是：你在他們眼中，是一個特別的存在。父母對小孩好，是因為那是他們的小孩；丈夫會對妻子好，那是因為她是他心愛的人。正因為如此，你更應該感謝那些對你好的人。

當你的父母煮飯給你吃的時候，你要感謝父母。當你的另一半為你整理家務的時候，你要感謝他。當你追求的對象為你付出的時候，請記得感謝他們，如果你不喜歡對方，請先說清楚。總之，絕對不要把別人的付出，當成是理所當然。這就是培養同理心的第三項要素。

## 四、多站在對方的立場想事情

在人際關係當中，特別是兩性的關係，多站在對方的立場想，是非常重要的。在兩性關係當中，兩個人貼得太近，因為沒有距離上的美感，於是容易站在自己的立場思考，忘了即便再近，每個人都是獨立的個體，每個人要面臨的事情都不同，所以更加需要站在對方的立場思考。

要如何站在對方的角度思考呢？最重要的就是：不要先判斷！很多人碰到事情時，馬上就直接下了判斷。像是：她一定是故意的！（但她真的是不小心的）或是：他會這麼做，就是不愛我了！（有時候，他有他的安排，不要馬上下定論）這些先入為主的觀點，就會讓人失去中立性，也就無法換位思考，站在對方的立場幫對方想事情。

兩性關係是人際關係當中最複雜，也是最難解的課題。朋友吵吵架，下次喝杯酒就沒事了；閨密吵吵架，下次還一起出去買東西。但是男女朋友分手了，就很難成為一般朋友；夫妻離婚之後，也很難回到一般朋友的位置上。有首歌叫《分手後不要做朋友》，其中有段歌詞對於兩性間分手的關係，描寫得很深刻：

我不堅強　分手後不要做朋友
我不善良　不想看你牽她的手
該怎麼走　就怎麼走
不必那麼努力演灑脫輕鬆

正因為分手後很難做朋友，所以更要多珍惜相處的緣分。如果懂得如何站在對方的角度思考，多用點同理心，就能讓這樣的緣分延續下去。兩個人在一起，要懂得多用加法，少用減法；多看對方的優點，少看對方的缺點，不要去計較誰付出得多，而是多多感謝對方的付出，多站在彼此的角度思考，這樣才能讓感情保溫，成為令人稱羨的一對。

# 耐心，是一個強大的武器！

今天是偉嘉第十次排約。偉嘉在日商公司上班，辛苦工作數十年的他，雖然不是高、富、帥，但也是衣食無虞。剛過三十六歲生日的他，總是希望身邊能有個人陪伴，一起走這條人生路。後來經由承漢的介紹，來到我的幸福專賣店，但一直找不到對眼心動的女孩兒。

今天，我安排芸甯跟偉嘉約會。我想，芸甯應該是偉嘉喜歡的類型。沒多久，偉嘉就來到幸福專賣店；半小時後，芸甯也到了。經過我簡單的介紹之後，兩人走進了包廂，一小時之後，偉嘉跟芸甯一起走了出來，看得出來偉嘉是有感覺的。

等到芸甯離開後，偉嘉興奮地對我說：「艾晴姐，我覺得芸甯就是我心中的對象。」

「真的嗎？」

「是的，我一定要追到她！」

從那天開始，偉嘉開始展開追求行動。但第一次談戀愛的芸甯，根本就不知道要如何招架。因為，從小芸甯就是乖乖牌，爸媽說一、她不會說二，可以說是正牌媽寶，也正因為如此，她根本不知道要如何談戀愛。

不知道如何接招的她，竟然就把偉嘉帶回老家！第一次約會就是見父母，這反而給了偉嘉一個回馬槍，讓偉嘉不知道如何是好，只能單刀赴會，隨機應變。

芸甯老家是養雞戶，爸媽就這麼一個掌上明珠，所以從小就護著芸甯，捨不得她留在老家吃苦，想盡辦法讓她考上公務人員；對於未來婚姻的期望，爸媽也是希望芸甯能夠嫁個好人家，這輩子不愁吃穿。所以看到偉嘉只是一個日商公司的小主管，雖然薪水有六、七萬，但還不到芸甯爸媽的標準。於是芸甯的媽媽說了：「偉嘉啊，不是芸甯媽媽嫌棄你，但是你現在沒有房子，薪水也不高，這樣怎麼養得起一家子啊！我們家芸甯可不能嫁過去受苦啊！」接著說了很多話，就是沒給偉嘉好臉色。

那一天，偉嘉低著頭走回家。

原本芸甯以為偉嘉會放棄，從此不跟她聯絡。沒想到隔天在工作地方就收到九十九朵玫瑰花，署名的人就是偉嘉。為了要徹底拒絕偉嘉，芸甯就要工作人員把花送回去。

沒想到第二天，又是九十九朵玫瑰花，芸甯還是退回去。

第三天，又是九十九朵玫瑰花，芸甯還是退回去！

一直到連退五天，連工作人員都對偉嘉說：「老闆，你就別熱臉貼人家冷屁股啦！而且那個女生很普通啊，幹嘛要一直追求人家。以你的條件，要找對象真的很容易啦！」偉嘉笑著，但沒有回答。

第六天，偉嘉捧著九十九朵玫瑰花來到芸甯的工作地點。原本打算直接拒絕的芸甯，聽到旁邊的人說：「哎呀，九十九朵玫瑰花耶，這麼浪漫啊！」為了不要讓對方難堪，芸甯只好收下，千交代、萬交代，要偉嘉明天不要再來，他們是沒有結果的。

沒想到，第七天偉嘉又出現了，一樣是九十九朵玫瑰花。

第八天，偉嘉一樣準時出現，一樣是九十九朵玫瑰花。

第九天，換芸甯的心融化了。兩人慢慢有了些互動。

偉嘉為了要安定兩位老人家的心，也決定在台中買房子。原本他就有繼承一塊地，想要把地賣了買房子，卻被承漢阻止了。承漢勸他不要賣地，以他的條件，絕對有能力付貸款，於是偉嘉就貸款在台中買了間房子，然後再度前往芸甯的老家，想要說服兩老把芸甯嫁給他。

原本以為有了房子，對方態度會放軟。沒想到芸甯的媽媽不但不買帳，還大聲地說：「你貸款買房子，那貸款誰要繳？還不是你要繳？那我們家芸甯嫁過去，不也是要省吃儉用受苦嗎？」儘管芸甯已經用力拉住媽媽，要她不要講話這麼難聽，但還是不管用，偉嘉還是被轟了出去。

雖然還是沒有得到芸甯爸媽的認同，但是偉嘉的努力，芸甯都看在眼裡，所以芸甯私底下跟偉嘉在交往。交往後，兩人的感情是越來越融洽，都覺得對方就是自己要的那個 Mr.／Miss Right。交往半年後，兩人都想定下來，開始討論結婚的事情。

「但是，還是卡在我爸媽啊！」芸甯無奈地說。

「對啊！」偉嘉嘆了口氣。突然間，偉嘉靈機一動，對芸甯說：「我有一個叔叔在大陸做生意，最近剛好回台灣，我想叔叔的氣勢，應該可以幫我們談談看。」

「好喔。」

挑了天黃道吉日，偉嘉帶著叔叔第三度來到芸甯老家。那一天，雙方唇槍舌劍互有往來。最後，還是芸甯的一句話：「爸，媽，我就是要嫁給他！」因為芸甯的堅持，結束了這回合。

三個月後，偉嘉娶了芸甯，開啟了新的人生旅程。

當偉嘉拿喜帖給我的那一天，我看著他喜悅的心情，心中滿滿的感動，到底要有多少的愛，才能承受這麼多的羞辱，就只為了想要守護心愛的人？要有多少的堅持，才能換回一段刻骨銘心的愛情？在偉嘉的身上，我看到了這樣的堅持，用了巨大的堅持、無比的耐心，才能抱得美人歸。

在男女雙方認識之後，尚未交往之前，在這一段時間當中，就是交朋友的時期，也有人稱為曖昧期。在這段時間，不管是男追女，或者是女追男，都必須經歷過一段追求期，追求者就像是走在鋼索上的人，一不小心就會出局。想要順利度過這段曖昧期，一定要記得：耐心，是強大的武器。

通常男女雙方在初次見面之後，如果互有好感，就會進入曖昧期。在曖昧期當中，男女雙方會開始培養感覺，這種感覺並不是一見鍾情的喜歡，而是讓對方習慣有你的感覺；這樣習慣的感覺，就是決定兩人在一起與否的關鍵。

所以，在這段曖昧期，除了要有好的溝通技巧之外，再來就是需要耐心，特別是男追女。一般來說，女性相對不容易敞開自己的心房，所以需要男人像剝洋蔥一樣，一層層剝開對方的心。

男人對女人，就像剝洋蔥一樣，一層一層地剝開，才能看到對方的全心全意。

為什麼在曖昧期需要這麼費工夫地，想辦法跟女方日久生情呢？這跟女人的特性有關。一般來說，男性是比較偏向結果論，用結果來看事情，對於兩人要不要交往，男人都希望給個明確的答案；但女人不是如此，女性會比較偏向情感面、比較注重交往的過程，有時候，不見得男人會在第一眼就吸引對方，但是男方的付出跟努力，都會對女生產生一點一滴的漣漪效應，不斷地拉近彼此的關係。

這時候男方要特別注意，不要想一下子就把關係拉得太近，那樣只會讓對方窒息到想要逃跑。而是必須採用漸進式的方法，一步步拉近距離。讓對方感覺你保有一定的安全距離，只是這個安全距離越來越小、越來越小，等到對方發現的時候，就已經墜入情網當中了。

## 友達以上、戀人未滿——來場不NG的約會

某天下午，辦公室的電話響了，我把電話接起來，就聽到岳利急急忙忙地說：「艾晴姐，妳要幫幫我！」

「怎麼啦？」我問。

「凌琳不理我了！」岳利急著說。

「怎麼會這樣，她不是跟你開始交往了嗎？」

「對啊！」岳利說：「但是我跟她出去幾次之後，她就開始推推拖拖，不想要跟我出去。我該怎麼辦啊？」

「好，你別急，」我說：「我先來問問看凌琳。」

把電話掛了之後，我撥了通電話給凌琳。「是凌琳嗎？」

「對啊。」凌琳恍神了一下後說：「艾晴姐嗎？」

「是啊。」我笑著說：「我有事情要問妳。方便通話嗎？」

「請問。」

「妳是不是不喜歡岳利了？」我單刀直入地問。

「哈哈！」這時候凌琳笑了出來：「原來是這件事情啊！」

「我等等還有事情，所以我長話短說。」凌琳說：「我是公司的財務主管，平常工作非常忙碌，所以在難得的假期時，我就想要好好放鬆，最好是睡到自然醒，然後優雅地到咖啡店吃個 Brunch，這就是我理想中的休假日。

「但是岳利跟我剛好相反，他都會安排一些戶外活動的行程，像是登山、健行等等，下午還帶我去逛海邊，不能吃太多東西，破壞我原本的休假行程；所以我最近都不跟他出去，就是要有我自己的行程。」

「這樣啊，」我說：「所以妳對岳利的感覺是？」

「哎呀，」凌琳說：「我還是很欣賞他、也很喜歡他啦，但就不要排那種行程啊！好啦，我要先忙了，先掛囉，Bye！」

「Bye！」

後來，我把這件事情跟岳利說了，他才恍然大悟說：「難怪！其實她一直說她腳痛，我還跟她說：『沒事沒事，多練習就不會痛了。』原來是我沒有注意到她的狀況。」

「跟女孩子出去要機伶點，」我說：「不然可能會讓未來老婆溜走喔。」

「我知道了。」

### 艾晴姐—小叮嚀

男女雙方認識之後，免不了要約出去碰面、增進感情。但是，要怎麼樣邀約對方、如何安排好一次次的約會，都是需要精心安排的，如果沒有做好安排，好意有可能會被當成惡意，失去對方的信任。

## ◎如何進行邀約

進行邀約之前，必須要有些準備工作。首先，要知道對方休息的時間，是週休二日，還是排休？是朝九晚五，還是需要輪班？這些都是要事先蒐集的資訊。如果等到邀約的時候才來詢問，對方就會覺得沒有誠意，似乎不太關心他的生活狀況。

再來，就是要了解對方喜歡什麼樣的休閒活動。在邀約對方之前，必須了解對方的喜好，喜歡户內活動還是户外？喜歡吃什麼樣的東西？最常去哪裡？這些都是需要了解的狀況，然後投其所好，增加對方的好感。

在案例中的邀約方法，就是沒有投其所好。如果照這樣的方法繼續約會下去，男女雙方約會一次就沒有下一次。所以，一定要確實知道對方喜歡的方式，用對方喜歡的方法來，才能贏得對方的心。

最後，就是要如何邀約。是用電話邀約？還是用Line、FB Messenger邀約？這些都需要看對方喜歡的方法而定。在邀約的時候，一定要把時間、地點等都交代清楚。舉例來說，有兩人約在車站的北一門碰面，結果到了定點卻看不到對方，原來一個在台北車站，一個在板橋車站。如果這樣的情況發生在真實世界，對方有沒有可能拂袖而去？當然有可能！所以，邀約的時候，一定要把時間、地點都說清楚，不然鬧出烏龍可就不好了。

## ◎約會要安排在哪？

如果是第一次約會，最好避免幾個狀況：

(1) 人煙稀少：第一次約會不要馬上就約去登山、露營、海邊等地方，這樣會讓別人以為你有不良企圖。

(2) 時間不要太久：很多人喜歡一約會就一整天，但這樣的方式不對，特別是第一次，千萬不要太久，不然會讓對方有壓力。而且，時間恰到好處的約會，也會讓人有意猶未盡的感覺。

(3)不要強迫送對方回家：很多人覺得要展現紳士風度，認為要把女性安全送到家才行，但人家跟你是第一次約會，如果希望送人回家，人家會覺得你有不良企圖。所以，第一次時，記得約在交通便利的地方，讓對方可以自行搭車離去，這樣才會有下一次的機會。

(4)不要約在電影院：很多人認為電影院是一個約會的好地方。對於熱戀當中的情侶，或許電影院真的是約會聖地。但在第一次約會，男方任務是要想辦法建立更多的好感、得到更多的訊息，而電影院完全沒有這種效果，所以第一次約會時，盡量不要選電影院。

## ◎約會的時候要ＡＡ制嗎？

雖然在台灣，大部分約會的錢還是由男性買單。但到底約會的錢，是要男方負擔呢？還是各自負擔比較好？其實這個問題很簡單。首次約會時，女性不應該一副要男性出錢，若不出錢就等於小氣的觀念。現在社會講求男女平權，男女雙方都有能力、有事業，各付各的其實是禮貌也合理，別讓對方覺得男性就應該要如何、女性就應該要如何。當然，若對方很堅持展現紳士風度，那也不需要強硬拒絕，而可以說「下次換我請你」或是「電影給我出」等等的話語緩和，不需要在付錢場合鬧得尷尬、僵硬。

畢竟，在曖昧期的約會，就是要培養出兩個人「在一起」的氛圍，別讓一元、兩元來壞了這樣的氣氛。

簡單來說，約會的目的就是鋪路，讓彼此能夠順利地走上愛情之路；所以，有一些小細節的部分，更需要我們特別去注意，才能夠在每次的約會當中，不斷地留下好印象，當這些好印象不斷累積，自然就有機會進入交往狀態。

Column 3

## 給你一雙透視眼：生命靈數

據說，生命靈數是古希臘畢達哥拉斯學派的一種祕數。希臘人認為，世界上的一切，都可以用數學來解釋，所以把人分成九種，用1到9的數字來代替，並賦予不同的個性。經過許多先人們的研究與調整之後，逐漸形成現在所知的生命靈數。

簡單來說，生命靈數就是你的數字能量。每個人生下來就有一些相同的能量（數字1～9），但是會有不同的排列組合，進而形成個人的獨特風格。這裡要提醒的是，生命靈數不是算命，無法預測你幾歲結婚，何時升官發財；但是它可以幫助你更了解自己，了解自己的愛情模式以及合適的伴侶。

**要怎麼算自己的生命靈數呢？**

將自己西元生日的年、月、日各自相加到個位數後，將三個結果再相加到個位數就是答案。若最後三個結果相加是兩位數，也要記得相加到最後到個位數為止。舉例來說，一九八三年八月十五日出生的人，他的生命靈數計算會是：1＋9＋8＋3＋8＋1＋5＝35，然後3＋5＝8，就可以得到8這個生命靈數。以下就來簡單介紹這些生命靈數的意義，還有各靈數對於愛情的看法。

**◎生命靈數1**

生命靈數1的人非常獨立，其領導能力、企圖心、決斷力都很強，不希望別人幫他做決定，這類型的人通常個性鮮明，剛開始的表現容易吸引對方，加上較外向大方，頗能吸引異性的注意。

當他們話匣子一開，能跟你天南地北地聊時事與八卦，這類型人先天就很鬼靈精怪，口若懸河，非常需要掌聲，但大部分時間，過分表現以致說話太白，不知修飾與分寸，最後反而是自己吃虧。情急之下還會尖牙利嘴反駁你，讓你啞口無語。基本上很愛面子，自尊心強，所以懂得幫他留點面子，他會對你更好。

跟生命靈數1的人談戀愛，需要多配合他，不要讓他直接出醜，懂得幫他留點餘地，千萬不要說話傷到他，特別是在大庭廣眾之下。如果有什麼需要溝通的，最好私底下溝通，給他一個臺階下，他會離不開你喔！

**●速配對象：**

1跟2：1很獨立，2很依賴，所以兩者間產生互補。

1跟4：4會懂得傾聽1的期許，兩者可以順利溝通。

1跟7：1是野心家，7是三思而後行的思想家，兩人在事業上很合拍。

**◎生命靈數2**

生命靈數2的人柔順體貼，愛依賴。但他們心思細膩，很會觀察，容易與人合作，給人的第一印象就是乖巧、謙恭有禮、中規中矩，屬於慢熱型。有時給人過於拘謹的感覺，讓對方誤會你對他沒意思。

事實上生命靈數2的人一旦熟起來，也是挺能言善道，若喜歡一個人會開始害羞，感覺欲言又止，不敢發表任何意見，表現出惹人疼愛的樣子，只要開始跟你熟了，就會逐漸熱絡。但只要發現兩人氛圍不對，就會保持距離。

在愛情中，他們是一個懂得配合對方的好伴侶，擅於冷靜思考，是你生命中的好軍師。但千萬不要跟他們吵架，因為他們屬於冷戰型，可以一整天不跟你說話，把人憋出病來。基本上，只要對生命靈數2的人好，他們就會對你更好！

**●速配對象：**

2跟1：領袖配忠臣，絕配！

2跟9：2喜歡合作，9愛付出，可以相互取得平衡。

## ◎生命靈數3

生命靈數3的人擁有強大的創造力跟溝通力，也是典型的理想主義跟完美主義者。他們充滿理想、準則和美感，非常愛美、也很愛面子，給人的第一印象通常是比較疏遠、難以親近，他們對人際關係的經營有自己的一套準則。或許一開始不是那麼熱絡，但經過數個月之後，這類型的人就會展現真正的本性，表現相當熱情，幾乎是完全敞開心胸與你打交道。

基本上，生命靈數3的人融合了1跟2的能量，所以同時具有開闊與接受的能量，他們樂於嘗試新事物，想辦法讓生活變得多采多姿。但也因為同時具備1跟2的能量，所以容易直線條，常常單一思考，太老實又不懂得使用一點善意的說話技巧，首先就輸在起跑點上。

愛情觀奉行浪漫主義，要的是兩人之間羅曼蒂克的感受，當他們在哄對方時，可以讓人快樂到彷彿置身雲端。也因為喜歡刺激，所以跟他們在一起，生活絕對不會無聊。

**●速配對象：**

3跟8：志趣相投，都是喜歡熱鬧的人。

### ◎生命靈數4

生命靈數4的人比較保守，很有組織力，有決心、有毅力，也較缺乏彈性。事實上，給人的第一印象就是拘謹矜持，他們的安全感來自於金錢的穩定，所以對於投資行為總是抱持著小心謹慎的態度。

4號人跟3號人不同，3號人對於人的事情感興趣，但是4號人只對事情感興趣。他們很容易觀察到一些細節，也只對細節有興趣。做任何事都需要評估、評估、再評估。事實上，生命靈數4的人就是典型的公家一條路：公司家庭一條路。所以建議偶爾可以改變一下，嘗試主動，一定可以有不同的體驗。

在愛情中，生命靈數4的人很保守，事實上他們是超級被動，而且會為自己終身的幸福著想，會不斷評估跟你在一起的好壞。如果想要跟他們做朋友或進一步交往，千萬不要以先入為主或自私自利的觀念看待他們，而是要多體諒他們的不安全感。他們的生活較為平淡無趣，喜歡平凡生活的人，可以選擇4號人當伴侶。

**●速配對象：**

4跟1：4懂得傾聽，可以滿足1的期待。

4跟8：4務實，8勇於承擔風險，都是相對務實的人。

## ◎生命靈數5

生命靈數5的人腦袋中充滿好奇，喜歡冒險，熱愛自由，或許因為如此，容易吸引異性的傾慕，天生就有極佳的異性緣。第一次接觸生命靈數5的人，會覺得他們活潑、好動，是一個古靈精怪的人，甚至給人一種玩世不恭，遊走情場的浪子感。

他們喜歡與人相處，對人很感興趣，所以喜歡從事跟人有關的工作，像是：導遊、業務、服務人員等，也正因如此，會讓人以為他們是花蝴蝶，不願意停留在一朵花瓣上。

在愛情中，他們總是渴望愛情，卻又怕愛情束縛了自由，他們就像是情場浪子，卻又深情流露，讓人不知該如何是好。但只要給予足夠的自由，他們就會願意回到你的身邊。

**●速配對象：**

5跟7：喜歡各自獨處，不介意給對方空間。

5跟8：彼此的人生觀較相近，都是工作狂。

### ◎生命靈數6

生命靈數6的人充滿愛心，善良、有耐心，給人的第一印象就是溫和、善體人意。6是靈數中最浪漫的數字了，所以他們都有一顆浪漫的心，但因為浪漫更顯得脆弱，常常會在感情上故步自封，或是把感情太過理想化，反而讓自己受傷。

其優點是有一顆非常敏感的心，常常能感受到別人的情緒與自己的情緒。感情上，有吸引別人的特質，所以戀愛的機會很多，不過因為太過理想化，失敗的機會也大，要學習從中得到成長。

生命靈數6的人是一個博愛族群，當他們愛上你，就會連你的家人、同事一起愛，甚至連你養的貓狗都是他們付出的對象。他們不斷地付出，不管對方是否接受，最後會導致受傷頗深，對愛情卻步。所以，這類的人必須懂得多愛自己一點，當自己覺得被愛時，才有更多的能力愛人啊！

**●速配對象：**

6跟9：兩者都非常善良，都非常願意服務他人、幫助他人。

## ◎生命靈數7

生命靈數7的人都帶有點小幸運。在《聖經》當中，上帝用六天創造世界，第七天就是祂的休息日，所以7也被認為是上帝的數字。正因為7是上帝的數字，所以他們對於真理的追求到了一種極致的狀態。他們是好奇寶寶，不管什麼事都要打破砂鍋問到底，甚至砂鍋打破了，還要問砂鍋是怎麼破的。擁有追根究柢精神的他們，給人的第一印象就是聰明、博學、懂得察言觀色。

對於真理的追求，讓他們的細胞中有著「質疑」的因子。他們質疑任何事情，除非能夠找到答案。喜歡質疑的他們，當然不能忍受被欺瞞、被欺騙，所以當你欺騙了他們，要重新取得信任就很困難。還有，在追求真理的過程中，常常需要獨處思考，對他們來說，獨處可以產生力量，因此他們喜歡獨處。

在愛情中，常常給別人神祕的感覺。他們喜歡聰明人，所以才華洋溢的人會讓他們心動。而這樣的心動並不是真正的愛情，但他們往往認為那就是愛情，輕易地墜入情網，認清之後就快速抽離，因此給人一種花花公子的形象。事實上，那並不是7號人，千萬不要被他們在外的風流名聲所影響。另外，他們相當被動，如果你喜歡的人是7號人，建議你採取主動。雖然行動不一定有結果，但不行動一定沒結果。

**●速配對象：**

7跟1：7是思想家，1是行動野心家，7可以成為1的軍師。

7跟5：都是需要空間的人。

7跟9：7欣賞9的純真跟古道熱腸，9欣賞7的知性與專注。

## ◎生命靈數8

生命靈數8的人聰明、有企圖心。他們有非凡的商業頭腦、老闆的格局跟霸氣，對於物質、名利等有深深的眷戀。在工作上，有渴望「上位」的企圖心，功成名就對他們而言，是生命中不可或缺的榮耀。無法忍受自己被當成無名小卒，所以在工作上，生命靈數8的人會特別耀眼突出。

給人的第一印象就是王者氣質。身上有一股被追隨的力量，他們是不讓父母、主管擔心的人，會把慾望變成事實，所以在事業上很有魄力、很上進，商場上很多生命靈數8的人都很強。正因為這種霸氣，所以內心渴望當家作主，對任何事都有著強烈的控制慾。

在愛情中，一旦投入便非常認真，要求極高。對於生活需求有一定的基本條件，喜歡追求物質生活，常常流於以金錢為重心，任何事情都只看錢。即便他們很愛錢，其實也都是為了兩人的未來，他們會竭盡所能的保護心愛的另一半，提供兩人更好的生活條件。

**●速配對象：**

8跟3：志趣相投，兩者都喜歡開心熱鬧。

8跟5：人生觀相近，對於物質的要求都很高，工作也都很認真。

### ◎生命靈數9

生命靈數9的人天生就具有宗教情懷，他們是佈道者、慈善家，以慈悲為懷，願意服務世界上的所有人。他們不喜歡與人結怨，懂得體諒別人。把「犧牲小我，完成大我」掛在嘴邊的人，通常都是9號人。9號人的付出跟6號人不同，6號人希望付出有所回報，但是9號人的付出是不求回報，是天生的社工。

雖然他們很願意服務，但同時也是完美主義者，有很多原則需要遵守，包括外型，所以給人的第一印象就是時尚有型的美女俊男，並且有距離感。但如果跟他們深交後，就會發現他們個性其實很隨和。此外，他們對於靈性、禪修、宗教等有著濃厚的興趣，也喜歡與人有精神上的連結。

在愛情中，他們是感情上的常勝軍。心思細膩，樂於付出，個性又很溫柔隨和，所以容易獲得他人的好感。但是他們不喜歡給予過多的承諾，所以當你想要9號人承諾愛情的時候，他們會無法接受而離你遠去。想跟9號人交往，就要記得給他空間，換取他的時間。

**● 速配對象：**

9跟2：9樂於付出，2願意合作，是天作之合！

# 遠離溝通地雷，才能成爲溝通達人

有個笑話是這麼說的：

某天早上，老公從宿醉中醒來，覺得頭有點痛，轉身一看，看到床頭櫃上有杯溫蜂蜜，上面貼了一張便利貼，寫著：老公，辛苦了！喝點蜂蜜會比較舒服！

這讓老公嚇呆了。我每次喝醉回來，隔天老婆都沒有給我好臉色看啊，怎麼今天這麼好，還有蜂蜜喝？

於是他開始回想，到底昨天晚上發生了什麼事情？他怎麼想都想不起來，於是他走出房門，看到準備上學的小孩，就馬上問小孩：到底昨天發生什麼事情？媽媽怎麼今天這麼溫柔？

小孩回答：「昨天你喝得醉醺醺回來，媽媽非常生氣，結果你不小心吐得到處都是，於是媽媽就要幫你脫衣服。」「然後呢？」「然後你就說：『走開！我可是有老婆的人，不要碰我！』然後就倒在廁所，不省人事。」

這則笑話告訴我們，溝通的時候，說對了話，可以讓人上天堂；說錯了話，可能讓你跪算盤，還好故事中的先生在喝醉之後說對了話，否則可能就一發不可收拾。

在學習兩性相處的時候，一定會碰到溝通的問題。想要學好溝通，除了進修相關的方法或技巧外，還要懂得避免許多相關的地雷區，這樣才能讓溝通更加順遂，成為溝通達人。

兩性溝通時，需要避免下面九大溝通地雷：

### ◎地雷一、黃腔不離口

開黃腔、說黃色笑話，常常會被誤認為有幽默感；有時候，說一點黃色笑話，可以增進跟朋友間的距離。但在兩性關係中，開黃腔也能達到這種效果嗎？通常不會。

首先，男女個性不同，對於黃色笑話的接受度也不一樣，如果貿然在第一次見面時，就用開黃腔的方法溝通，通常會留下不好的印象。

其次，幽默感是溝通的潤滑劑，可以達到緩合緊張氣氛的效果；但如果誤認為，幽默就是開黃腔，就會造成反效果，不但不會讓人感到幽默，反而讓人覺得低級及反感。

### ◎地雷二、咄咄逼人，不留情面

初次見面時，一般人不會有這樣的問題。但總是有一些白目的人，在詢問對方時，表現得像是警官問話，不但問題非常尖銳，還很傷人。

曾經碰過一對男女在約會時，女方直接對男方說：「你怎麼這麼胖！你都沒有去運動嗎？」也有聽過男方對女方說：「妳為什麼到現在還沒有交男朋友？是有什麼問題嗎？」這些提問都非常尖銳，比較像是在審問犯人。但你面前的人，並不是犯人，你也不是警官，不需要說出這麼傷人的話。所以，在溝通時千萬要避免。

### ◎地雷三、人前說一套，人後做一套

有些人會在你面前說：「你好棒！你真的非常優秀！」但是在背後，就開始數落對方：「你知道那個人啊，自以為非常優秀，人家稱讚她，還以為真的是如此。」這樣的人，常常人前說一套，人後說一套，讓人感覺不舒服。

事實上，人與人之間的誠信，是日積月累的結果。言行一致的時候，會讓人感覺到你的真誠。所以，學習讓自己人前人後都是始終如一；透過真心的交流，達到最好的溝通效果。

## ◎地雷四、自我為中心，不顧旁人

有些人在談話時，常常口若懸河、滔滔不絕，話說了一輪之後，才發現對方早已神遊物外，沒有聽到你說話的重點。像這樣的人，常常以自我為中心，旁若無人，完全沒有達到溝通的效果，是溝通上的大忌。

溝通是兩人間的互動，就像打乒乓球一樣，需要一來一往；如果只是單方面說，卻沒有取得對方的回應，這樣的過程並沒有辦法給人好感，更遑論建立良好關係了！

## ◎地雷五、光說不練，耍嘴皮子最會

有一些人天生會說話，在他的口中，死的都能說成活的；他們懂得跟對方互動，擅於建立良好關係，在人群當中常是耀眼的花蝴蝶，飛舞眾人之間，是社交場合中的明星。但這樣的人，常常會發生一種情形：因為他們太會說話，輕於承諾，讓人覺得油腔滑調。

要避免這樣的觀感，最好在互動時，不要使用太多社交辭令，用華麗的詞彙、虛偽的語言，說出連自己都不相信的話。想辦法讓自己說到做到，用最真誠的心面對彼此，才能贏得對方的心。

### ◎**地雷六、虛張聲勢，誇大而不實**

第一次見面時，大部分人都會秀出自己最好的一面，就是希望取得對方的好感。就像雄孔雀在求偶時，都要想辦法展現出自己最美的舞姿，以取得雌性的青睞。

原本這是再正常不過的事，但如果誤用了這樣的方法，想辦法誇大自己的能力與背景，說自己是某公司副總、是富家子弟等，用虛假的謊言唬過第一次，但接下來呢？還能說多少謊言？總有一天會紙包不住火，被看破手腳，只會讓人覺得你是騙子而已！

所以，想要讓人信賴，就不要用誇大不實的訊息來蒙蔽他人，而是誠實面對自己、面對他人。這樣的方法，才能在兩性關係中博得對方信任，有機會走得更長遠。

## ◎地雷七、敷衍了事，成不了大事

有些人在說話時，並不重視自己所說的事情，說話就像放屁一樣，「噗」一聲就忘了剛剛說什麼。這樣的人，剛開始會滿口承諾，但後來會被看破手腳，被歸類為不被信任的人！這樣的人是無法成大事、做大業，日子一長，跟你約會的對象自然會觀察出來，也就會離你而去。

## ◎地雷八、愛聊八卦，小心惹禍上身

八卦故事人人愛聽，有些人常常會在別人背後說長道短，講他人的背後話。很多人認為聊八卦沒什麼，反正對方不會聽到，這樣的想法真是大錯特錯！

首先，一個愛聊八卦的人，代表他的口風不緊，會被認為是不可靠的人。未來遇到真正重要的事時，便不會被列入信任名單。此外，當你聊八卦時，總是會有人宣傳出去，而被八卦的人，總有一天會聽到風聲，也會對你留下負面印象，甚至惹禍上身。

## ◎地雷九、負面情緒太多，人人都想遠離你

當你跟某些人聊天時，會發現他總是在抱怨，指責所有人，這樣的人你願意跟他相處多久呢？一天？半天？兩小時？還是一小時？剛開始的時候，或許

還會覺得無妨，後來就會覺得：你可以停止抱怨嗎？這讓人很有壓力！

這時候我們就要拉回來想想：你喜歡跟什麼樣的人在一起？是積極正面的人？還是負面消極的人？是喜歡跟陽光健談的人在一起？還是跟陰鬱碎碎念的人在一起？你想要的談話是有建設性？還是只會抱怨、沒有建樹？絕大部分的人，應該都喜歡跟陽光、有朝氣的人相處吧！

所以，千萬不要讓自己落入負面情緒的泥沼中，不要讓自己充滿抱怨的氣息，讓人人都想要遠離你。而是要成為陽光磁鐵，讓你的正能量充滿所有的場域，自然就會吸引好的人、對的人，進入到你的生命當中。

這九個地雷，是溝通過程中常發生的狀況。懂得避開這些地雷，在學習溝通上，便離成功不遠了！

Love you

Chapter 4

# 遇見幸福三部曲

## 譜出幸福的第一樂章

某天下午，我一個人坐在吧台準備資料，這時候同事鳳姐坐到我身邊，問了我一個問題：「艾晴，妳覺不覺得兩個人在一起，其實不一定會幸福？」

我楞了一下說：「鳳姐，妳這問題很大喔！」

鳳姐說：「當兩人通過曖昧期，接受了對方的告白，看起來順利地在一起後，其實會面臨到更多的問題。這些問題已經不是單純的認識、曖昧那種情形，而是生活中會遇到的一些事情，像是：吵架、鬧脾氣、不開心等，這些情緒會很赤裸裸地出現在彼此的生活中，如果雙方沒有處理的共識，那麼，在前方等待兩位的，就是分手。」

這時候我說：「說的沒錯！在一起，也就是交往期間，是一對情侶最重要的時期。在這個時期，除了面臨生活的考驗外，更重要的是觀察彼此適不適合。有句老話說：『男女雙方因不熟悉而在一起，因為熟悉而分開。』也就是說，在交往時期，雙方需要不斷地觀察並思考，眼前的這一位，是不是你要牽著手，一起走一輩子的對象。如果不是，就要好好思考彼此的未來。」

「嗯。」鳳姐說：「所以在雙方交往時，男人一定要睜大眼睛看清楚，你是不是願意接納這樣的她，跟她生活在一起；而身為女人也要想想，這個男人，是不是妳願意陪伴一生的對象。千萬不要為了在一起而在一起，這樣對雙方來說，都是一種折磨。」

「是的。」我說：「所以交往期，就是為了婚姻而做準備。如果連交往期都無法彼此體諒、彼此包容，貿然走進婚姻只會更慘。如果有人來問我，我都會跟他們說：『好好享受這段交往期吧！這是一段充滿艱辛與爭吵、光明與黑暗，也充滿著愛與勇氣的旅程。經歷過這段旅程，才會知道你的心是不是已經做好結婚的打算。』當他們可以通過這樣的考驗，才有辦法進到下一個人生階段，幸福才可以存在。」

# 愛在心裡口難開？告白的藝術

正當我跟鳳姐聊到一半時，鳳姐的電話響了。接完電話後，鳳姐對我說：「艾晴，妳還記得明賢嗎？」

「明賢，我記得啊！」我說：「怎麼了嗎？」

「之前我幫他跟嘉綺排約會。」鳳姐說：「好像兩人相處得還不錯，因此明賢想要跟嘉綺告白，但他不知道該怎麼說，所以很煩惱。」

「這樣啊，那要不要找他來聊一聊？」

「也好。」於是鳳姐打了電話給明賢。幾分鐘後鳳姐對我說：「明賢說晚上要過來一趟。」

晚餐過後，明賢就來到幸福專賣店。這時候我剛好在忙，所以鳳姐就去了解一下明賢的狀況。

「鳳姐，我要怎麼告白呢？」明賢問。

「你跟嘉綺目前怎樣呢？」鳳姐反問。

「我跟她還不錯啊，基本上每天都會聊天、傳訊息。」

「那麼，有跟她一起出去嗎？」鳳姐繼續問。

「我們每個禮拜都會出去一、兩次。」

「看來相處還不錯啊。」

「是啊。」明賢說：「所以我才想要跟她告白。」

這時候鳳姐問明賢：「你有打算怎樣告白？」

接著明賢就把他的計畫說了出來，原來明賢想要塑造一個浪漫的告白方式，讓嘉綺留下浪漫的印象。

鳳姐聽完後說：「我真的不建議這麼大肆地告白。」

「為什麼？」明賢問。

「感情是兩個人的事情。而且你現在只是告白而已，就弄得這麼浩浩蕩蕩，將來要求婚時怎麼辦？」

「這樣啊，」明賢說：「那鳳姐有什麼好建議嗎？」

「依照我對嘉綺的瞭解，我覺得你可以傳簡訊問嘉綺，願不願意跟你在一起，這樣會比較好。」

「真的嗎？」明賢問。

「不然你現在寫一則簡訊，我來幫你看。」

於是明賢寫了：嘉綺，相處這兩個月來，我對妳越來越有感覺，我真的很喜歡妳，妳願意跟我在一起嗎？

鳳姐看完以後說：「寄出去吧！」

沒想到寄出去之後，一直都沒有任何回音，明賢顯得非常失望，心情低落地離開了幸福專賣店。

一天後，明賢興奮地打電話給鳳姐：「鳳姐，她答應我了！」

「真的嗎？」鳳姐說：「太棒了！那她怎麼都沒回應？」

「她說，她接到簡訊後考慮了一天，決定依照自己的心意跟我在一起！」

「那真的太棒了！」鳳姐說。

### 艾晴姐｜小叮嚀

沒有好好地告白，就代表兩人沒有正式在一起？事實上並非如此。有時候，兩個人在一起是很自然的事，透過彼此的互動、交談等，都可以感覺到彼此的愛意，這時候告白就是水到渠成；如果只是愛慕，沒有好好地交流溝通，就貿然告白，失敗率當然會很高。

所以要告白之前，一定要確認彼此的情感是否有增溫的感覺；如果一直維持在平淡的交友關係，並沒有升溫的趨勢，盡量不要貿然告白；

如果兩人在一起，彼此都會主動傳訊息、一起出遊，代表彼此的感覺有在交流，這時候告白機會就比較高。

至於告白的方式，不見得要公開、隆重或浪漫。因為告白的作用，是詢問對方是否願意跟自己在一起，並不是求婚，所以不需要大肆宣傳，而是要掌握步調，在最適當的方式，詢問對方是否願意跟自己在一起，這是傳達自己的愛意，以及確認對方的感覺。

告白並不是唯一的確認方法。有時候兩個人在一起，沒有任何告白，卻彼此知道相互喜愛，那種無聲的愛情，也是另一種戀愛的方式。所以，愛情沒有公式，只要能讓兩人在一起，都是好解法。

## 愛的進行式——體驗戀愛的苦鹹甘甜

有一天鳳姐跟我說：「艾晴，我最近突然想起一個人。」

「誰啊？」我問。

「齊睿啊！」鳳姐笑著說：「我很少看到這麼老實的人了。」

鳳姐一提，就讓我想起來了。

齊睿是一個非常老實的人，便利商店多找了一百元，即便已經離開超商了，還是會拿回去還給人家，面對心儀的女性，更是害羞到不敢開口。不知道是不是這樣內向害羞的個性，讓他一直找不到女朋友，還常常被人誤以為是同志。

後來齊睿來到幸福專賣店，鳳姐介紹了加瑜跟齊睿認識，兩人都非常欣賞對方，沒多久就在一起了。在每次的約會中，齊睿最多就是禮貌地牽著加瑜的手下樓梯，至於情侶最常見的親吻、擁抱，根本沒有發生。最後，加瑜使出了殺手鐧——一起出遊。

在加瑜的安排下，兩人一起到花蓮玩了兩天一夜。

回到台南後，加瑜氣得打電話給鳳姐：「鳳姐妳說！到底齊睿是不是同志？還是他對我一點意思都沒有？」鳳姐說：「怎麼啦？慢慢說。」加瑜：「我們都睡在同一張床上了，他連抱我的意思都沒有！我都已經暗示得這麼明顯，都不惜犧牲女性矜持，安排了兩天一夜的行程，結果居然是這樣！」

這下換鳳姐尷尬了，安撫一下加瑜的情緒後，馬上打電話給齊睿：「齊睿啊，你是不是跟加瑜出去玩了兩天一夜？」齊睿害羞地說：「對啊，妳怎麼知道？」鳳姐接著問：「你跟加瑜睡在同一張床上？」齊睿這時候講話突然結巴了：「對、對啊！妳、妳怎麼……怎麼知道……知道的！」鳳姐繼續問：「那你有抱加瑜嗎？」齊睿緊張地說：「我絕對沒有做出不禮貌的事情喔！」

換鳳姐無言了。

「齊睿！」鳳姐說：「一個女人都願意跟你兩人單獨出去過夜，而且還安排睡同一張床，這樣的暗示還不夠明顯嗎？意思就是：希望你能有些親密的舉動，像是擁抱、接吻之類。」

「什麼！是這樣嗎？」齊睿驚訝地說：「但我怕冒犯了她！」這時候鳳姐真想拿鎚子敲醒齊睿。

「總之，下一次，如果加瑜還有安排這樣的行程，一定要給予相對的回應，好嗎？」

「喔，好的。」齊睿心虛地說。

這時候我就問鳳姐：「怎麼突然想起他？」

「因為我剛剛接到他的喜帖啦！」鳳姐說：「他跟加瑜長跑五年的感情，終於要開花結果啦！」

「這樣啊，恭喜恭喜啊！」我笑著說：「木頭也開花囉！」

這個案例雖然比較極端，但能夠凸顯我們剛剛所說的事情——行動。有時候，你說了一千遍、一萬遍的「我愛你」，也比不上一個真心的擁抱；說再多次的喜歡，也比不上一個暖心的問候。語言能說服別人；但行動，卻能打動人心。

剛開始交往的時候，通常會有比較多的互動，但隨著時間拉長，在戀愛當中的事情，必須要回到生活當中。舉例來說，在追求或曖昧時期，通常見面的頻率或次數都會比較頻繁；到了交往初期還會維持這樣的狀態，但慢慢會因為工作的關係，見面的次數逐漸下降，或是間隔時間變長，可能讓另一半產生疑問：是不是不愛我了？為什麼見面這麼少？是不是外面有別人了？

為什麼會讓對方產生這樣的想法？可能是忽略了一個重要因素——

行動！

## 哪些行動會讓對方感覺貼心？

想要討對方開心，最重要的關鍵就是多觀察細節，用對方喜歡的方式對待，就是一種窩心的表現。舉例來說，另一半不喜歡吃辣的食物，但你卻常常帶他吃麻辣鍋、泰國菜等辣味料理，對方會怎麼想？可能會覺得你不重視他、沒有注意他的生活習慣、沒有記住他的飲食習慣，甚至會覺得，你是故意的！這樣就會在對方心目中留下壞印象。

所以，想要留下好的印象，首先需要多觀察對方，看看他有哪些習慣，包括喜歡吃什麼、喝什麼、用什麼、喜歡去哪裡、想要什麼東西，然後逐步轉化為實際的行動，像是：約對方去喜歡的餐廳、去他一直想去的景點、買個他想要的小禮物等，都是貼心的小行動。

再來，就是要說到做到。當你答應了對方，就一定要想辦法完成。

像是：什麼時候一起去看電影、說好了要去一趟日本、說要送給他的小禮物等，都是讓人能夠感受到用心的地方。如果常常忘了跟對方的約定，那麼你的信用在對方心中，就會不斷地下降，等到信用度為零的時候，通常都是以分手告終。

但如果真的約定好的事情，卻因為有事情必須取消，或者是你根本忘記了，該怎麼處理？這當然就是要面對問題。如果因為有事必須要延後或取消，必須要先知會對方，告知原因，而不是讓對方痴痴地等。如果你真的忘記約定的事情，就必須誠實地告訴對方：你真的忘記了。然後想辦法達成另一個承諾，來建立新的信任。

第三，就是要懂得在對方需要你的時候，給予最大的協助。有時候，對方在工作上或生活上，難免有許多不如意的事情，而這些事情，有些你可以幫得上忙，就可以想辦法幫她解決；如果有些你幫不上忙時，就要懂得展現最高誠意，讓對方覺得你真的想幫他解決問題。

舉例來說，當對方在生活上有困難，像是簡單水電工、修理電腦等，你可以自己維修，或者是找到適合的人來解決問題，就想辦法幫對方排除困難。但如果是他的工作上遇到奧客、碰到刁難他的上司，這時候不可能去找對方理論，就要懂得展現最大誠意，就是想辦法安慰他，讓對方感受到你的心意，至於事情本身是否能解決，對他來說已經不是最重要的事情了。

最後，定時問候也是一種溫暖的行為。現在通訊軟體很方便，只要你想問候對方，隨時可以丟出訊息，讓對方知道你的心意。但是，這樣的問候不能只有一週一次或是一個月一次；最好是每天一次，讓對方知道「你是關心他的」，這樣就足夠了。但要記住，這樣的問候並不是緊迫盯人，不是瘋狂發訊息的騷擾，而是要懂得等待對方的回應再進行互動，這樣才不會給人控制狂的感覺。

以上這些行動方法，都是可以在生活中讓對方感受到你的心意。有時候心意不是只有想，還要說、還要做，這樣對方才會看得到、聽得到、感受得到。想想看，如果只是自己在心中跟另一半說我愛你，有誰聽到嗎？除了你自己之外，沒有人會感受到。所以，喜歡對方、愛對方，除了要勇敢說出來，更要有對應的行動，這樣才會讓對方真正感受到你的心意。

# 風雨生信心，我會陪著你

那天凌琳來找我，除了跟我聊她跟岳利的近況外，還問了我一個問題：「到底兩個人在一起，最重要的是什麼呢？」

我沒有回答她，只是跟她分享了一個鳳姐的真實案例。

之前我們有一個會員叫做馨茹。馨茹長得並不漂亮，國字臉、方頭大耳，身軀微胖、體型骨架都比一般女生來得大；雖然外型並不美麗，但馨茹的心腸卻十分善良，對人十分熱心。或許是因為外貌關係，所以總是乏人問津。

馨茹的媽媽怕她嫁不出去，於是找上了我們，希望能夠幫她找個好歸宿，沒想到馨茹卻十分反彈。馨茹覺得媽媽是不是嫌她沒行情，所以才要帶她來這邊。沒想到在聊天時，竟然發現同事是在這邊認識現在的老公，馨茹二話不說，馬上跟媽媽說要報名。當鳳姐詢問她要找什麼類型的對象時，她也很果決地說：「我要跟警察約會！」

「警察啊，」鳳姐說：「有點困難。」話才說完，鳳姐就想到一個朋友：永榮。於是就準備幫他們兩個人排約。

永榮是在交通隊工作的警察，所以常常有許多勤務需要支援，加上家裡的環境並不好，所以約會多次也都沒有結果。

永榮有兩個弟弟，一個不務正業，常常不回家；另外一個則有智能障礙，常常會有些驚人舉動，但因為永榮的父母臨終前有交代，希望永榮不要把弟弟送到安養中心，所以弟弟都是由永榮跟親戚協助照顧。原本永榮有認識一位談得來的女性，到了永榮家之後，發現到他有個智能障礙的弟弟，就馬上奪門而出，不再聯絡，這也讓永榮對於結婚十分悲觀。

第一次碰面時，馨茹就十分喜歡永榮，交換完電話之後，當面對永榮說：「你是一支績優股，我要投資你！」讓永榮不知道該如何回答。但永榮則剛好相反，除了被馨茹的舉動嚇壞之外，同時也被馨茹的外貌給震攝住。永榮對鳳姐說：「鳳姐，她比我還大隻耶，我怎麼可能繼續跟她約會！」

沒想到，個性積極的馨茹，開始追求永榮，還約永榮一起共進午餐。為了拒絕馨茹的好意，永榮還是準時赴約，席間也紳士地幫馨茹拉椅子、整理空盤等，更加深了馨茹的決心。於是，馨茹就對永榮告白，想要跟他交往。

永榮沒想到馨茹這麼直接，正打算拒絕她的時候，馨茹就對永榮說，我知道你想要拒絕我，但如果你有辦法給我十個拒絕我的理由，其中有任何一個可以讓我知難而退，我就會放棄。這時候永榮就說：「不用十個，一個就夠了！」接著永榮就對馨茹說：「等等妳跟我回家就知道了。」

吃完飯後永榮就載馨茹回家。一回到家中，就看到弟弟脫光光跑出門，永榮一邊追著弟弟，幫弟弟穿衣服，一邊對馨茹說：「這就是我拒絕妳的理由！妳看，我家就是問題家庭，我一個弟弟胡作非為，一個弟弟智能障礙，需要別人照顧。所以，妳還是死心吧！」

永榮說完後，卻看到馨茹露出難過的表情說：「永榮！沒想到你一個人要扛起這麼重的責任，真是太辛苦了！我願意幫你分攤這樣的辛苦，一起扛起這樣的責任。」

馨茹說完這段話後，換永榮傻眼了，他第一次聽到女人說出要跟他一起扛的話，心中是百味雜陳。

但，永榮心中依然充滿芥蒂，當天還是打電話給鳳姐說：「鳳姐啊，她到底想怎樣啊！我拒絕她，她說要給她拒絕理由；我都帶她去看弟弟了，她還說要跟我一起扛責任，這女人怎麼臉皮這麼厚啊！一點都不懂得害臊嗎？怎麼會有這樣的女人啊！」話雖如此，但永榮是個有禮貌的人，雖然他不喜歡馨茹，但每次她約永榮出門的時候，永榮還是準時赴約。

第三次，馨茹約了永榮一起去看鹿港花燈，沒想到兩人卻走失了，原本永榮認為馨茹已經是個成人，不需要去找她；但後來轉念一想，畢竟是兩人一起出來，這樣丟下她是否太過分，於是就想辦法找到馨茹，兩人就在鹿港媽祖廟前面碰頭。馨茹一看到永榮，就把永榮的手牽起來說：「你不能再放開我的手喔！」永榮的貼心，讓馨茹更加深對他的好感；而馨茹的善良，也讓永榮冰冷的心，湧進了一股暖流。

不知道是不是鹿港天后宮的月下老人有聽到馨茹說的話，開始幫兩人牽起了紅線。在第四次約會時，馨茹竟然直接向永榮求婚，永榮居然也答應了馨茹的求婚，於是兩人開始籌備婚禮。那一天，永榮到幸福專賣店送喜帖時，雖然永榮還是跟鳳姐嘀咕：「這到底是什麼樣的女人啊，竟然向男人求婚！」但可以看到永榮的嘴角，掛著些許的笑意。

訂婚之前，家裡的親戚建議永榮，是不是該把弟弟送去安養院，畢竟永榮成家之後，如果還要照顧弟弟，是非常辛苦的事情。於是在家族長輩的見證下，永榮在父母的神主牌位前擲筊，確認能夠將弟弟送往安養中心；馨茹透過醫療同業的關係，聯繫品質跟服務都不錯的安養中心，在某個星期天，兩人就把弟弟載到安養中心。

辦完手續之後，工作人員也準備把弟弟帶進安養中心時，弟弟問了永榮一句話：「哥哥，什麼時候要來接我回家？」這句話讓永榮心如刀割，不能自己。這時候馨茹果斷地說：「乖！我們現在就帶你回家。」然後對永榮說：「我們還是自己照顧吧！我想他還是想要跟你一起生活。」永榮聽到馨茹這番話，只能緊緊地抱著馨茹。

婚後的永榮跟馨茹，生活不但美滿幸福，生了兩個寶寶，永榮在工作上也更上一層樓，順利地當上主管的位置。永榮曾經對鳳姐說：「過去，回家對我來說是一件冰冷的事情，我必須單獨面對智能不足的弟弟。家庭對我來說，是沉重的負擔。但是現在，我每天的工作都很有動力，因為我知道，在家中有兩個可愛的小寶貝等我回家，還有一個人，她也等著我回家。就算工作再晚，我知道她也會為我留一盞燈、留一碗飯。家庭對我來說不再只是沉重的名詞，而是甜蜜的依歸。或許，這就是家庭真正的意義！」

故事說完後，只見凌琳眼眶泛紅地對我說：「怎麼有這麼偉大的女性啊！」

「愛，能超越一切。」我笑著說：「有愛的人，能融化任何障礙。」

### 艾晴姐小叮嚀

在這個案例中的馨茹，如果不是她的善良跟付出，她跟永榮不會有這麼美滿的結果。正因為她願意跟著永榮，一起面對所有的困難，才讓兩人的關係有了特殊的變化，讓原本不喜歡她的永榮，逐漸接受了自己，讓永榮看到心中美好的那一面。同樣地，在兩人熱戀的時候，所有問題都不是問題。但回到生活當中時，願不願意跟對方一起共患難，就是能否繼續走下去的重點。

談戀愛，除了是感情的交流外，更重要的是彼此的相處中，能不能有未來性。兩個人在一起，並不是只有一方討好另一方，而是兩個人要一起面對問題、解決問題，這樣才是良好的互動關係。

## 面對問題，需要做的三件事

身為一個好的伴侶，應該要如何跟對方一起面對挑戰呢？

支持對方：有句俗話說：「夫妻本是同林鳥，大難來時各自飛。」雖然這句話道盡了很多情侶的現實，但回過頭來，如果會在你遇到困難時，就選擇離開的人，真的會是夫妻嗎？會是你真心的伴侶嗎？當然不是。如果真心把對方當成家人，就會選擇支持對方，一起面臨困難跟挑戰。

同理對方：當對方面臨困難的時候，心境上會處於孤立的狀態，除了要支持對方，讓他知道有盟友存在，再來還要懂得同理他的狀態，不要施加過度的壓力。有時候碰到問題時，另一半雖然會支持對方，但不免會把過去的事情拿來說嘴，像是：「我早就跟你說，那個人不可靠！」、「你就是這樣，太容易相信別人！」這些話不但無濟於事，還會造成反效果。這時候你應該做的事情，是同理對方的狀態，先安撫好他的心情，然後再一起找出路。

尋找資源：遇到問題的時候，最重要的就是資源。很多人碰到問題時，很容易慌亂、手足無措，卻忘了把資源盤點一下，看看有誰可以協助自己度過難關。這時候，身為伴侶的人，一定要適時提醒對方，透過兩人的資源，想辦法找出解決的方法。

好的情侶關係，就跟朋友關係是一樣的，需要透過不斷地淬鍊，才能建立堅定的感情。所以，面臨困境時，並不是感情到頭的警訊；而是彼此建立更深入情感的機會。一起面對困難、走過問題，才是真正的愛情。

# 吵架了怎麼辦？

某天我出去辦事，事情才處理完，就接到鳳姐的電話：「艾晴，妳什麼時候回來啊？」

「我要準備回去啦，」我問：「怎麼了？」

「喬銘跑過來了，正在跟我抱怨一些事情。」鳳姐說。

「好，那我趕快回去。」

半小時後，我回到幸福專賣店。鳳姐跑過來跟我說：「是他跟月樺的事情啦！」

於是我坐下來，讓喬銘重新講了一遍。

喬銘是台南人，努力工作的他，已經在台南買了房子，但因為工作的關係，他必須要往返台南跟高雄，所以並不常住。後來他透過鳳姐，認識了住在高雄的月樺，兩個人情投意合，就開始交往。幾個月之後，他們決定要攜手度過一生，於是兩人開始籌備婚事。

但是，談感情是兩人的事；而結婚，是兩家子的事情。首先，喬銘就碰上了第一個大難題：月樺堅持婚後仍要住在高雄，因為離娘家比較近。

這一點讓喬銘真的無法接受。他想：我在台南有自己的房子啊，為什麼要住在高雄？但是月樺認為：我的工作在高雄啊，當然住高雄比較方便！

兩人為了這件事情，開始有了口角。

喬銘：「我可以載妳上下班啊，為什麼一定要住娘家？」

「這樣不是很不方便嗎？」月樺反駁。

「但是，我明明有自己的房子，為什麼要住在高雄，感覺很奇怪耶！」

「我不覺得奇怪啊！」月樺說道。

就這樣，兩人爭執了好幾天，甚至鬧到要分手。

喬銘為了這件事情，心情非常不好，於是就到幸福專賣店來，想要尋求解決方法。

說完前因後果之後，喬銘說：「她為什麼不瞭解，我們有自己的家啊，為什麼要住在高雄？」

我想了一下後，對鳳姐說：「可以幫我約月樺嗎？」

「好！」鳳姐就撥了通電話給月樺，沒多久月樺就來了。

「哈囉，艾晴姐、鳳姐。」月樺說：「好久不見。」

「是啊。」我說：「我們去包廂談一談吧！」

這時候，喬銘已經在包廂當中了。我跟月樺走進來，分別坐了下來。然後我對月樺說：「月樺，妳可以說說看妳的考量點嗎？」

「我的工作在高雄，如果要從台南往返，每天上班需要花很多時間。而且我不會開車，必須要喬銘載我上下班，我捨不得讓他這麼累，所以才會覺得，如果婚後繼續住在高雄，就不會有這樣的問題。而且，喬銘的工作也大部分在高雄，如果我們都住在高雄，他就不用這麼辛苦了。」

「所以，妳是捨不得喬銘辛苦？」

「沒錯！」月樺回答。

「喬銘呢？」我轉頭問喬銘：「你為什麼覺得一定要住台南？」

「第一、我在台南有房子，有房不住，這不是很可惜嗎？」

「嗯，你說得也有道理。」我說道：「所以，你們打算怎麼解決呢？是要這樣堅持下去，然後分手？還是找出解決方法，然後開開心心地結婚？」

「當然是開開心心地結婚啊！」兩人異口同聲地說道。

「那好！既然要結婚是共識，那有什麼方法可以解決你們的問題呢？」我繼續問。

這時候喬銘小聲地說：「不然，我把房子租出去好了。」

「也是一個辦法。」我說。

「兩個人租個小套房也不錯啊。」月樺也提議。

「沒關係啦，如果住高雄，妳也可以順便照顧兩個老人家。」喬銘竟然提出了這樣的說法。

「等一下！」換祕書納悶了：「喬銘，你既然現在會這麼說，為什麼你還一直反對住在高雄娘家呢？」

喬銘搔搔頭說：「可能是不安全感吧！對於我跟月樺要結婚這件事情。我一直覺得，如果住在娘家，沒有新婚的感覺，加上我自己有房子，就會覺得這樣做很奇怪。」

「原來如此。」換月樺笑了出來：「哎呀，不管我們住在哪，我們都是夫妻，這是不能改變的事情啊！」

「就是一種感覺嘛！」喬銘發出微弱的反抗，卻被月樺用熱吻堵了回去，差點被閃瞎的我，當然也趕緊逃離現場。

**艾晴姐—小叮嚀**

吵架是兩性感情當中最容易遇到的問題。

事實上，只要是人跟人之間的來往，一定有摩擦。朋友間的摩擦，大部分的人或許會選擇隱忍；但是面臨到跟你親密相處的對象，人的本性就會表露無遺，一有摩擦，可能就會造成火花，最後變成燎原之火。有時候只是芝麻綠豆大的小事，經過彼此的情緒放大之後，就有可能變成可怕的災難。所以，如何處理好口角，就是情侶間的重要課題。

首先，我們要思考的問題是：吵架真的是壞事嗎？答案是：不一定！

任何一件事情，一定有正反兩種不同的思維，你可以把吵架看成是毒蛇猛獸，避之惟恐不及；也可以用正面的角度來看待，把吵架當成是一種激烈的溝通，代表對方很重視這件事情。

吵架對於親密關係來說，是兩面刃：有人越吵越恩愛，有人吵一吵就分手了。最重要的關鍵，就是對於吵架有沒有基本的認識。也就是說，男女雙方對於吵架這件事情有沒有共識，再來是，彼此有沒有面對吵架的智慧。

## 越吵感情越好的祕密

想要感情越吵越好，其實也是有方法的，但如何實踐這樣的方法，需要兩個人有共識。

**◎第一、不管如何吵鬧，絕對不能把「分手」或「離婚」輕易說出口！**

有時候兩人的分開，並不是因為覺得彼此不適合，甚至根本沒有經過思考。通常都是在盛怒之下，不小心說了：「我要跟你分手！」或者是「我要跟你離婚！」

結果，對方也經不起你如此一激，自然就會說：「分就分、離就離，沒什麼了不起！」原本不致於吵到分開的口角，卻因為一句無心的話，讓兩人都騎虎難下，自然走向無可挽回的局面。所以，千萬不要把分手或離婚掛在嘴邊，特別是盛怒之時。

**◎第二、別在氣頭上加柴火！**

吵架通常都是情緒的堆積。會吵到不可開交，通常都是雙方不斷地加柴火，才會讓場面一發不可收拾。所以，當你發現場面開始不對時，一定要快點冷靜下來，千萬不要跟對方一起添加柴火，釀成悲劇。

最常見的柴火就是語言，特別是酸言酸語。如果男女雙方都在氣頭上，千萬不要再說：「對啦，你說的都對，我說的都是放屁！」通常這樣的話語，只會讓星星之火，直接燎原。

**◎第三、在場面尚未不可收拾時，先離開現場冷卻戰場。**

如果在一場爭吵中，你發現自己已經無法控制情緒了，千萬不要繼續留在現場，最好可以快速離開，讓自己冷靜下來。而身為另一方，看到對方離開的時候，千萬不要追上去，然後還一邊嗆聲：「你這膽小鬼，說不過別人就選擇逃避嗎？」這樣的對話，只會快速地將兩位的感情畫上句號。我想，這應該不是兩位真正想要的結果吧！

**◎第四、回想當初要在一起的理由跟感覺。**

如果已經吵到進入長期抗戰，或者是激烈到討論分手，那麼，請想想當初會在一起的理由，你們在一起的理由是否還存在？藉由回想當初交往的理由，喚醒兩人甜蜜的感覺，或許可以讓你們激烈緊張的關係，增加一些潤滑劑，重新找回相愛的意義。

## ◎第五、在「愛」當中，任何事情都不重要！

如果情侶們想要越吵、感情越好，就要記住一件事情：在「愛」中，所有的爭吵都不重要。也就是說，一定要告訴自己，在一起的目的就是要走一輩子，在這樣的承諾之前，所有的爭吵都微不足道。在愛的力量當中，爭吵是沒有任何力量的。有了這樣的覺悟，自然就能越吵、感情越好。

吵架無可避免。但是如何處理吵架，卻可以學習。多看到對方的優點，少看對方的缺點；多稱讚對方的優點，少數落對方的缺點，自然可以看到不同的世界。吵架是最激烈的溝通方法，但我希望每一對情侶都不要用到這樣的方法！

Column 4

## 給你一雙透視眼：DISC

想要了解一個人，除了透過星座跟生命靈數外，還可以透過一些人格測驗。這些人格測驗可以幫助你簡單地區分一個人的類型，了解對方的基本個性。

如果可以知道一個人的行為方式，就可以：

與他們有更好的關係。

和他們更有效的溝通。

更容易激勵對方。

讓他們更充分地注意到你。

讓他們覺得你對他很重要。

所以，學會如何分辨一個人，對於男女雙方來說，都是一件非常值得學習的事情。

ＤＩＳＣ是一種行為分析系統，是美國心理學家馬斯頓博士（Dr. William Moulton Marston）的研究成果，他認為人類行為是有跡可尋的，所以把人類行為列分ＤＩＳＣ四大類，以下是這四種類型的詳細說明：

**Ｄ型人：支配型。代表動物是獅子。**

如果跟Ｄ型人出去吃飯，容易遇到以下對話：

「我們這個週末吃個飯吧？」

Ｄ：「我看一下行事曆，可以，要去哪吃？」

（對方ＯＳ：真的有這麼忙？）「你有想吃什麼嗎？」

Ｄ：「那我們去〇〇餐廳吧！」

（對方ＯＳ：你怎麼都不問我要吃什麼？）

看菜單大約三十秒～一分鐘。

Ｄ：「我已經看好了。」然後把菜單蓋起來放桌上。

（對方ＯＳ：也決定得太快了吧！）

吃到好吃的東西時。

D：「這不錯。」

他們會表示讚美，但不會很直接明顯，而且說不出具體原因。

（對方OS：在你的世界只有「好吃」跟「不好吃」吧！）

D型人「直接、果斷、強勢」，遇到這類人，應該直接說出心裡的想法，而非用詢問的方式。與D型人溝通不能拖拖拉拉的，因為D型人比較急躁，如果講話內容很長，D型人會無法聽下去。其實也可透過循序漸進的方式與D型人溝通，而且溝通前要先再三思考，將D型人所會想到的層面都想到，才不會馬上被否決掉。

**I型人：影響型。代表動物是孔雀。**

如果跟I型人出去吃飯，容易遇到以下對話：

「我們這個週末吃個飯吧？」

I：「好啊，要去哪裡吃？」

通常這種情況很可能其實已經有約，但先答應，所以後來發現其實不行的機率很高。

（對方ＯＳ：我覺得還是等你確定行事曆比較保險。）「你有想吃什麼嗎？」

Ｉ：「我上次去ＸＸＸ不錯，那邊氛圍好、裝潢漂亮，東西也很好吃！」看菜單大約三十秒～一分鐘。

Ｉ：「這個跟這個看起來都很好吃，好難決定啊～」

（對方ＯＳ：你有選擇困難嗎？）

吃到好吃的東西時。

Ｉ：「喔！天啊，這個也太好吃了吧！」

會有比較誇張的表達方式。

（對方ＯＳ：我們沒有在拍《料理東西軍》啊～）

Ｉ型人總是「能言善道」，和這類人溝通，旁邊的人要把持得住，因為一個不小心就會陷入他的語言誘惑之中，輕意的順從Ｉ型人的話。Ｉ型人喜歡別人肯定他，所以溝通時可以先試著去肯定他，再旁敲側擊地向他說明和他意見不同的地方。

**S型人：穩定型。代表動物是無尾熊。**

如果跟S型人出去吃飯，容易遇到以下對話：

「我們這個週末吃個飯吧？」

S：「我看一下喔～好啊！我們要去哪裡吃？」

S型人一樣會先確認有沒有空，但講話比較會用「喔」、「呦」、「嘿」之類的語助詞緩和氣氛。

「你有想吃什麼嗎？」

S：「我都可以耶，看你想吃什麼都好。」

比較會配合，就算有自己的想法也會配合對方。

看菜單大約三十秒～一分鐘。

S：「等一下喔，我還沒有翻完。」

然後菜單從頭到尾看過一輪才決定。

（對方OS：看看看！隨便點一個就好了啊，效率啊！懂不懂！）

吃到好吃的東西時。

S：「嗯，這個很好吃耶，他的○○○做得很好。」

會說出原因。

S型人容易「不清楚、不知道、不明白、沒有意見」，他需要的是有人告訴他怎麼做，而不是詢問他意見。

**C型人：謹慎型。代表動物是貓頭鷹。**

如果跟C型人出去吃飯，容易遇到以下對話：

「我們這個週末吃個飯吧？」

C：「我看一下~好的，我可以，但不要吃太貴的。」

一樣會先確認有沒有空，但會有一些預設條件。

「你有想吃什麼嗎？」

C：「我之前吃XXX那家便宜又好吃，價位大概兩百塊左右。」

會把參考值說出來。

看菜單大約三十秒～一分鐘。

C：「嗯……」

菜單從價位低的開始看，然後思考怎麼樣搭配比較划算，可能還會問服務生有沒有什麼搭配優惠。

吃到好吃的東西時。

C：「嗯～」

一邊點頭，還會說這樣的價位算好吃不好吃。

C型人「謹慎、小心」，三思而後行是C型人的行事風格，他們最不喜歡魯莽行事及匆忙潦草，也不輕易做出決定，習慣注意事情的枝微末節，謹慎的個性讓他們對事情的品質相當要求。小心的特質也為他們帶來風險管控的長才，他們小心控制每月花用支出、投資及儲蓄組合，讓C型人的經濟總是無後顧之憂。

## 說「不」的勇氣！

感情生活中，最有趣的狀態是：兩人原本是陌生人，透過認識之後，逐步建立親密關係，甚至比自己的家人還要密切。這時候，恨不得彼此就是對方身上的一塊肉，最好是我中有你、妳中有我。但這樣的親密關係一旦建立得太深，就會演變成一種可怕的情況：控制。

什麼是控制？就是希望所有事情都在掌控之中。

有些情人希望知道對方二十四小時都在幹什麼，最好能在對方身上裝個監視器，好知道他的一舉一動；也有情人得到「已讀不回症候群」，只要對方已讀不回，就開始焦慮、擔心、胡思亂想；這些情人的腦袋當中，都有一個可怕的編劇系統，當對方已讀不回，就會認為對方發生以下狀況：

**危險：**他一定是有危險，所以才無法回我的電話。然後開始想像他是不是被綁架了、還是車禍了，有什麼嚴重的事情無法馬上回我。

**偷吃：**他是不是背著我偷吃，是不是喜歡上哪個女人，還是喜歡上哪個帥哥，他們是不是趁我不注意的時候偷偷幽會呢？

**不愛我：**天啊！他是不是不愛我了，所以都不回我的訊息呢？我是不是做錯了什麼，讓他討厭我呢？

已讀不回，就是不方便回訊息啊！幹嘛要想這麼多呢？放輕鬆點，日子比較寬心，如果他真的不愛妳，回訊息也還是不愛妳啊！是吧？

就是這些控制的思想，不斷地侵蝕著自己的心靈，所以想盡辦法要讓對方落入自己的蜘蛛網當中。在電影《控制》當中，女主角愛咪（蘿莎蒙派克飾演）為了要控制自己的老公尼克（班艾佛列克飾演），所以精心布置了失蹤案，來確認尼克是否仍舊喜歡她。

但是控制對方，真能讓感情回到最初的起點嗎？幾乎不可能！如果真的想要擁有一段感情，就要懂得給對方空間，讓對方有獨自相處的時間。Line

的訊息不要像機關槍一樣，一連串掃射；要懂得尊重對方的隱私，不要一直想要挖掘對方的過去（除非對方願意說）；適度地配合對方的時間與興趣，可以共同營造不一樣的生活情調。

**◎創造良好關係的小秘訣！杜絕「理所當然」的想法：**

多數情人都會認為兩個人在一起，對方就有「理所當然」的應盡義務。但是，這是錯誤的！當認為對方理所當然時，就容易出現過分的要求，破壞兩人之間的關係。所以，必須要杜絕理所當然的想法。必須要知道：他對你的好，都是因為愛你；為了回應這樣的愛，你也得要給予更多的愛，這樣才能創造兩人的良性循環。

**給對方空間：**

兩個人在一起時，會希望對方眼中就只看到我。但是，生活中並非如此，每個人在生活中有自己的原生家庭、有社交需求、有同事、有同學，當然也有自己的興趣，有自己想要追求的目標。但談了戀愛之後，這些活動彷彿通通消失，似乎這就是一種必然，是一種病態的必然。正常且持久的愛情，是必須要懂得給對方空間，兩人才能長久。

有一個案例是這樣：男方是一個動畫設計師，他在追求女方時，不會緊迫盯人，而是有步調、有節奏地跟對方約會；成了情侶之後，他也不會要求每天膩在一起，而是給對方空間，如果對方要跟姊妹淘出去、要去登山等，他不但不會阻止，還會貼心地幫她準備登山工具，或是準備小禮物給姊妹淘，這讓女方覺得備受尊重，最後也成了他的新娘。

一個人的人生不會只有愛情，還需要更多的社交、休閒活動，如果想要讓彼此的關係更加融洽，就要適時給對方空間，這樣才能讓關係長久。

**跟對方一起活動：**

如果想要讓彼此的關係更加親近，就要懂得參與對方的生活。如果對方喜歡爬山，就陪著他去爬山；下次，也可以邀請他來妳的烘焙教室，一起做麵包，當兩人有更多的一起、有更多的互動，關係自然會越來越好。

愛情就像跳社交舞一樣，必須彼此配合，才能跳出美麗優雅的舞姿。如果只是單方面的要求、單向的溝通，就無法成為親密的伴侶。所以，懂得給對方空間，可以讓關係融洽；如果可以，多參與對方的活動，讓對方的生活當中都有你的影子，關係當然就會更加堅定。

marry me......

Chapter 5

# 讓這份幸福延續

幸福的延續，是希望能跟對方手牽手，走一輩子。

兩千多年前，《詩經・邶風・擊鼓》中就這樣描述情侶間的感情：「死生契闊，與子成說；執子之手，與子偕老。」意思是：就這樣跟你約定了！不管生離死別，我們都要在一起，我希望牽著你的手，跟你一起慢慢老去。

簡簡單單的四句話，把一對愛侶之間的感情，描寫得淋漓盡致；把這樣的感情，敘述得如此深刻。當情侶彼此相愛的時候，就會想要一輩子陪著對方，牽著對方的手到老，到死不放開。

婚姻正是履行這樣的誓約。在眾人的見證下，男女彼此許下終身的承諾，承諾無論生老病死，兩人都要緊緊相依，一同走過漫長的人生路。

# 時候到了嗎？讓愛情成爲永恆

某天晚上，鳳姐坐在吧台，喝著她最喜歡的鮮奶茶，這時有個男人從門外走進來，一看到鳳姐就說：「鳳姐，還好妳在！」

「瑞文啊！」鳳姐說：「很久不見啦，有事情找我？」

「對啊！」瑞文說：「我跟家瑩交往三年了。最近，我想要向家瑩求婚，因為是一生一次，所以我希望辦得很盛大。但是，我怕家瑩如果不答應我的話，感覺很沒面子，而且白努力一場，這讓我很困擾。」他問鳳姐：「我到底要不要辦一場求婚儀式？」

鳳姐對瑞文說：「如果你想要辦的話，可以來幸福專賣店辦啊！」

「可以嗎？這樣會不會很寒酸？」

「當然不會。」鳳姐笑著說：「這邊是你們兩人認識的地方，在這邊求婚不是非常有意義嗎？」

「嗯。」

「而且我們可以做溫馨小活動，透過這些小活動，表達出你的愛意，也傳遞出你想要照顧家瑩一輩子的決心，這樣不是很好嗎？」

「對啊！」瑞文恍然大悟：「那我該怎麼做？」

於是鳳姐跟瑞文策劃了一場求婚儀式。

一個禮拜後，瑞文跟家瑩說，有事情要去幸福專賣店一趟，但是他需要去買一些東西，所以請家瑩先過去等他，他隨後就到。家瑩不疑有他，就獨自一個人來到幸福專賣店。

鳳姐一看到家瑩，就很熱情地跟她聊天。

這時候音樂突然響起，只看到瑞文穿得非常正式，從門口走了進來，對著家瑩說：「在我們相遇的地點，在眾人的見證下，我想要對妳許下終身承諾：我想要照顧妳，一生一世！請問妳願意成為我的新娘嗎？」

這時候，家瑩露出驚喜的表情，點頭如搗蒜地說：「我願意！我願意！我當然願意！」

接著瑞文單膝下跪，從身後拿出戒指盒，從盒中取出戒指，輕輕地套在家瑩的左手中指。家瑩看著戒指、看著瑞文，然後緊緊地抱住瑞文。

這時候我跟鳳姐在一旁起鬨說：「親下去！親下去！」

於是瑞文站了起來，深情地看著家瑩，吻上了家瑩的雙唇。

「求婚成功囉！」鳳姐小聲地對我說：「又成就一對佳偶囉！」

我對鳳姐比了一個讚。

在網路上，常常看到許多浪漫的求婚影片，像是：包下整個電影院，播放男女主角相愛的過程；或者是在廣場上有舞者在表演，有歌手在演唱，最後男主角在一片歡呼聲中登場，拿著九十九朵玫瑰向女主角求婚，這樣的片段再浪漫不過了！但，這樣的求婚方式，真的適合所有人嗎？

從這個案例當中可以發現到，求婚不見得要大陣仗。重點是，你的心意是否能夠真正打動對方。曾經有個朋友，他跟女方認識四個月之後，就打算要跟對方共結連理，但他沒有足夠預算舉辦一場盛大的求婚活動，於是他想了另外一種方法。首先，他選定了新竹湖口工業區附近的一個小山坡，是當地人看夜景的好地方；接著他邀請了七、八位好朋友，每個人發了一支手電筒，然後將他們安排在必經的路線上；最後，他把女朋友帶來看夜景，現場突然播出《愛很簡單》的音樂，然後這些朋友用手電筒照出他們行走的路線，到了指定地點後，男方單膝下跪，對著女朋友說：「嫁給我吧！」女方感受到對方的誠意，也決定與男方一起共度下半輩子。

有些人會覺得，如果求婚儀式不盛大，就代表不重視對方；這樣的想法不全然正確。有時候，求婚儀式太過盛大，女方當時騎虎難下，可能會草草答應，等到儀式過後再行拒絕；也有些人礙於當時壓力，所以就乾脆離開，反而讓人沒有面子。

所以，不需要過於盛大的求婚儀式，只要簡單、隆重，能夠代表你的誠意就好。

**求婚儀式，代表你願意脫離單身！**

有些人會問：「既然求婚不需要這麼隆重，那麼可以省略嗎？」

事實上，求婚代表著你已經下定決心，願意跟對方一起攜手；代表你願意告別單身，為了愛護對方、照顧對方，所以捨棄單身的身分，兩個人一起面對人生路。

所以，求婚還是有一定的意義與象徵，不能輕易地捨棄，至少結婚是經過兩人認真討論後的共識。

那麼，求婚時需要注意什麼事情呢？

**加分元素**：求婚是愛情中最浪漫的時刻。或許有人會問：「為什麼不是結婚典禮？」其實，結婚時需要張羅許多大大小小的事情，需要有一套縝密的流程，不管是新郎或新娘，一大早就要起來梳妝打扮，雖然那時候是最帥的新郎、最美的新娘，但卻不是最浪漫的時刻。因此，許多人一輩子追求的浪漫，就是求婚。

求婚的時候，戒指代表情定終生，也就是這輩子你們彼此互相承諾：至於花朵，就是代表愛情，同時也代表你們的愛情終於開花結果。這些都是可以加分的元素，有些人會希望回到當初相識的地點，有些人會拿出屬於兩人的定情物，如何展現創意與誠意就因人而異。

**心態面**：你是不是已經準備好進入一段婚姻？進入婚姻，代表著你不再是一個人，所有事情都必須要考慮到對方，而不是單身時的自由自在，更不能有任意揮霍的情形。

**現實面**：你的工作、你的經濟收入，是否可以支撐兩人的家庭？如果要生小孩，你們兩人所創造的環境，是不是能讓小孩平安快樂地長大？畢竟，當夢幻過後，就是面對現實生活中的問題，面臨到的就是柴米油鹽醬醋茶。

婚姻並不是兒戲；求婚，更不是演戲。你必須真心地想要跟對方在一起，再跟對方求婚，這樣才有意義。

如果沒有結婚的想法，卻因為家庭壓力、環境壓力或同儕壓力，而強迫自己結婚，這樣對雙方來說，不但不公平，而且兩人也不會有幸福可言。

# 別太著急！婚前想一想

三個月後，凌琳一個人跟我約在外面的咖啡廳。

「艾晴姐，我有一個問題想要請教妳。」

「請說。」

「其實，我跟岳利發展得還不錯。」凌琳說：「但前天，岳利突然跟我說，他想要跟我結婚，但我有點猶豫。」

「嗯，這樣啊，」我說：「我說一段小故事給妳聽。

「我之前有一個朋友，她叫做莉媛。她曾經有過一段不愉快的婚姻，所以對婚姻有種莫名擔心；但生性浪漫的她，又渴望有愛情的滋潤。莉媛在我的介紹下，認識了一位林先生，原本她以為找到生命中的第二春，卻沒想到林先生竟然罹患肝病，雖然莉媛不斷地悉心照料，林先生還是離開了這世界，讓她十分難過。

「過一陣子後，我又介紹在中部當肉販的富雄給她認識，但這讓她十分為難。因為她是時尚品牌的店長，而對方只是肉販，感覺格格不入，所以莉媛不太想要赴約。但她拗不過我，於是跟富雄有了第一次約會。

「沒想到兩人第一次見面就留下極好印象，莉媛對於富雄的談吐跟學識都覺得讚歎不已，完全感覺不出來富雄是豬肉販，甚至比一般的對象更加優質。沒多久，莉媛就墜入愛河，跟富雄正式交往。

「大約過了一年多，富雄覺得時機成熟，就向莉媛求婚，但這讓莉媛十分為難，因為過去的婚姻生活讓她有了一層陰影，所以遲遲不願意接受富雄的求婚，莉媛認為維持這樣的狀況就好，為什麼一定要結婚呢？

「這時候富雄就對莉媛說：『我知道妳考慮的癥結點，這也是我為什麼要跟妳求婚的原因。過去，妳有一段不愉快的婚姻，而我也是。就是因為彼此有過不愉快的經驗，所以，我們更知道要把握幸福。幸福並不是憑空掉下來的禮物，是兩人攜手創造的結果。我相信，同樣經歷過失敗婚姻的我們，一定能記取教訓，共同創造一個幸福的家庭。所以，請讓我照顧妳一輩子吧！』

「聽到這番真情求婚，莉媛的心也軟化了，終於答應了富雄的求婚。兩人結婚後，也的確過著幸福的生活，讓莉媛體驗到被人照顧、被人呵護的感覺，就像是被捧在手心的小公主一樣，讓她重新體會婚姻帶來的好處。

「當幸福來臨之前，會有很多擔心是必然的。這時候可以自己做些小評估。」

「什麼評估呢？」

「妳在什麼時候會做評估呢？通常是做重大決定的時候吧！像是買房子、買車子……等等。」

「是。」

「這時候妳通常會怎麼評估呢？」

「以買車子來說，我會評估車子的價格、性能、顏色、汽缸大小、車型等，接著需要考慮到用途、固定支出有哪些，甚至更要評估是不是有需要購買車子。如果是買房子，就要考量房子的價格、坪數、位置、採光、交通等，也要考慮到接下來的房貸、信用評等、每個月需要的固定開支等，經過這些評估之後，才能思考一個問題：你是不是需要買房子？」

「沒錯！」我說：「結婚是一件重要的事情。正因為重要，所以更需要評估。」

接著我拿了一張紙，在紙上畫了一個T字型，一邊寫結婚的好處、一邊寫結婚的壞處。然後對凌琳說：「我們來看看，到底結婚對於男女雙方而言，會有什麼樣的好處跟壞處呢？」

「先寫好處吧！」凌琳說：「我覺得好處是——

「有人陪：有人可以一起吃飯、一起聊天、一起看電影、一起完成人生目標。

「有啦啦隊：當你工作洩氣時，會有另一半的陪伴跟支持，讓你可以恢復元氣，讓工作更加順利。

「有人可以傾訴：工作勞累時，想到家裡有盞燈、有個人正在等你回家，你就會有想要快速完成的動力；同時，伴侶也能傾聽你工作上的困擾，排除心理上的障礙。

「有生活的動力：當你跟心愛的人在一起時，你會更有動力、更想要成就某些事情。古人說：成家、立業。當你有了家、有了小孩之後，你就會為了這個家更加義無反顧地努力。

「但我覺得結婚的壞處有——

「賺的錢必須要養家，不能像過去一樣任意揮霍。

「要孝順自己的父母，也要孝順對方的父母。

「需要有磨合期。」

「說的很好！」我說：「所以其實妳自己也滿清楚了，只是需要有人協助妳下決定吧！」

「哈哈！」凌琳笑著說：「終身大事啊，所以總是不踏實。」

「經過這樣比較，妳自己就知道了吧？」

「我知道該怎麼選了。」凌琳說：「謝謝艾晴姐！」

結婚之前一定要先考慮清楚：為了什麼結婚？如果所想的仍是有錢、帥氣、高佻、美麗等條件，那麼就該想清楚，這段婚姻真是你要的嗎？因為這些條件，並沒有辦法讓你跟對方走一輩子。真正該問的問題是：你真的愛她嗎？是不是下定決定，一旦握緊了對方的手，就會一輩子牽下去？是否願意包容對方所有的缺點與優點，是否願意相互扶持，走一條漫長的人生路？這些才是你該思考的問題。

如果還沒有想清楚，那麼會建議從同居開始。當雙方同居時，就會看到對方的好與壞、優點與缺點、生活上的習慣等，想想看對方這些行為，妳是否能夠接受？簡單來說，同居就是一種試婚的概念，揭開熱戀時的面紗，真實地模擬婚後的生活，如果能夠接受的時候，才思考結婚的事情。

再來，結婚是兩個家庭的事情。結婚後，雙方父母就是親戚，就會有許多的課題需要處理，像是：婆媳關係、要不要跟公婆住在一起、要不要生小孩，都需要足夠的耐心來面對。

一段婚姻能否完整，除了取決於雙方是否相愛外，更重要的是，雙方家庭是否能夠真正支持這段婚姻，是不是可以給兩人空間，不干涉過多的事情，這些都是在結婚前必須要搞清楚、想清楚的事情。

最後，結婚到底好不好？事實上，結婚沒有好不好，只有適不適合、值不值得，有時候，對象對了，其他一切困難都可以克服，甚至你會為了對方去面對各種困難，這樣的婚姻才是對的！

其實，任何的評估，都比不上真愛的勇氣來得重要！

# 謝謝你！我找到屬於自己最棒的幸福

星期一的下午總是令人昏昏欲睡，正當我想要打盹時，鳳姐從外面走了進來，對我說：「艾晴，有妳的信喔！」

「這什麼年代了還有人寫信？」我嘀咕著。從鳳姐手上接過信後，看了一下寄件人：馮珍珠。

「是珍珠啊！」我說：「有五年沒見了吧！」

這時候鳳姐說：「是真的好久沒見了，還記得他們一路上走得很顛簸，連到了結婚時都出現問題。」

於是我想起那時候的狀況：

珍珠好不容易跟未婚夫談定了結婚的事，但另外一個問題卻困擾著她，就是公婆希望婚後可以一起住，但珍珠就是不希望跟公婆一起住，避免不必要的婆媳關係。為了這件事情，原本沒有吵架過的雙方，開始有了許多的口角。

有一天，珍珠跟未婚夫吵完架後，來到幸福專賣店，一劈頭就向我數落了未婚夫的不是，等到珍珠歇一口氣後，我對珍珠說：「除了跟未婚夫吵架之外，癥結點還是婆婆要妳一起同住吧！」

「對啊。」

「那，妳在擔心什麼？」

「當然是擔心婆媳問題啊！」

「所以，因為婆婆這件事情，妳就不打算結婚了？」

「這……」

「我的建議是：先試試看，如果真的不行再搬出來，這樣妳未來老公也不會有意見吧！」

「是可以考慮。」

於是，珍珠跟未來老公約法三章，如果婆婆為難她，她就要分開住，而老公也同意了。最後，她順利地結婚了。後來，珍珠跟婆婆一起住。沒想到婆婆對珍珠超級好，晚餐都是婆婆張羅，沒有讓珍珠下廚；有時候還會帶珍珠去逛街；後來她生小孩之後，也幫忙珍珠帶小孩，讓珍珠上班時可以無後顧之憂。

「有時候珍珠是太杞人憂天了吧！」鳳姐說：「看看信上寫些什麼吧！」

我拆開信封，裡面是三張照片跟一張信紙。信紙上寫著：

艾晴姐：

因為老公的工作，我跟老公一起外派到歐洲，妳看到這封信的時候，我們一家四口已經在荷蘭生活了一陣子。前幾天，我跟老公回想認識的過程，如果沒有妳們的協助，我也不會過著現在的生活。

現在我有愛我的好老公、有疼愛我的婆婆、有兩個可愛的小鬼頭。現在的我，應該是最幸福的女人了！我真的非常感謝妳，幫我找到這樣的好老公。

謝謝妳！讓我找到屬於我最棒的幸福！

P.S.：隨信附上我們的三張生活照，讓妳知道，我真的很幸福！

馮珍珠

我看完信之後，就對鳳姐說：「珍珠跟她老公去歐洲了，聊天時想起我了，所以寄了封信給我。」

接著我又說：「有時候，覺得經營幸福專賣店很有趣，不斷地幫別人配對，把自己想成是月下老人在牽姻緣線；但有時候遇到會員抱怨時，也會覺得很累，覺得自己為什麼要搞得裡外不是人。不過，當我看到這樣一封感謝信，知道他們找到自己的幸福時，我就覺得很幸福、很有成就感，這些都是金錢買不到的東西。」

「我同意！」鳳姐說：「我們是幸福專賣店啊，專賣幸福！」

我微笑著點點頭。

有一陣子，在臉書上瘋傳一段影片，是一對父子走在沙灘上，這時候兒子很感性地對爸爸說：「爸，我要結婚了，請你祝福我！」沒想到爸爸竟然嚴厲地說：「道歉！」

兒子當然很不服氣，對爸爸說：「為什麼我需要道歉？」沒想到，爸爸還是對兒子說：「道歉！」

「為什麼？」兒子繼續追問。

「道歉！」

「爸！你得說清楚！」

「道歉！」

「爸！我可以道歉，但你要說清楚為什麼我要道歉！」

「道歉！」

最後，兒子對爸爸說：「對不起！」

這時候爸爸才對兒子說：「婚姻就是這樣，有時候不是你的問題，而你就是要道歉，這個道歉不是代表你錯了，而是為了彼此的和諧。」

有句話說得好：「先道歉的人不是輸了，而是他更重視這段感情。」

同一個家庭長大的小孩，價值觀、想法、思維，會一模一樣嗎？不會！因為兩人的基本個性不一樣，教育環境不一樣，結果當然也不一樣。既然在同一個屋簷下的人都會不一樣，那麼兩個來自不同家庭的人，當然會有各自不同的價值觀、不同的想法跟不同的個性。

所以，當兩個人結婚後，相處在同一個屋簷下，就會有價值觀、想法的衝突，這時候最好的化解方法，就是不斷地溝通，確認一些生活上的小細節。舉例來說，過去在鄉下都沒有脫鞋習慣的人，突然到了都市，進屋時需要把鞋子脫掉，可能會讓人不習慣。這時候，一般人就會指責對方沒有教養，怎麼可以把鞋子穿進屋子當中！

但是，過去對方在鄉下就是如此，這是他從小到大的習慣，你怎麼能這樣指責對方呢？這時候，應該要了解這是不是對方過去的習慣。如果是，就應該要思考：是不是要跟對方溝通，為什麼進屋子要脫鞋，未來都要遵守這樣的習慣。當你們建立共識之後，才能要對方依照這樣的習慣來行事。而不是一味地要求對方退讓，當對方退無可退的時候，通常就是婚姻觸礁的時候。

## 如何經營夫妻關係？

要如何經營一段優質的夫妻關係呢？最重要的觀念就是——把對方擺在第一位。曾經有人說：爸媽會比你早離開，小孩遲早會離開你，唯有伴侶會陪你一輩子。既然對方會陪你一輩子，當然應該要把對方擺在第一順位。

再來，不管是婚前、婚後，不管是男性或女性，千萬要記住一件事情：不要把對方逼得太緊。很多人認為結婚之後，對方就應該要以家為中心，不能有自己的生活空間，最後卻落得離婚收場。為什麼？因為你沒有給對方空間。一位聰明的太太（或先生），會懂得拿捏分寸，給對方一定的空間，才能讓對方更愛你。

第三，看穿，不說穿。有一些事情，不見得要把事情攤在陽光底下，讓對方下不了台。看到對方是計較的人，那麼你就多做一點，用實際的行動化解彼此計較的心，這樣才是有智慧的作法。

最後，就是要懂得彼此的進退之道。一段完美的關係，不是因為有完美的兩個人，而是兩個不完美的人，願意承諾對方，一起完成人生的目標，成就更完美的關係。在愛情當中、在婚姻當中，我們都是摸著大象的瞎子，不斷地摸索愛情的真相，摸索婚姻的真諦。

在一起的兩人必須要真正相信，彼此就是今生最大的禮物，兩人都會為了對方，不斷地修正自己，不斷地進行磨合，讓雙方能夠真正地契合對方。婚姻並不在於那紙婚約，也不是在於那段儀式與型式，而是兩人真心誠意地，認為對方就是那個對的人，願意為了對的人，一起走。

婚姻，就是承諾了一輩子的愛！

— 後記 —

# 我能想到最幸福的事，就是和你一起慢慢變老

在歌曲《最浪漫的事》中寫道：我能想到最浪漫的事，就是和你一起慢慢變老！如果兩人能夠手牽手這樣走一生，是多麼浪漫、幸福的事情。所以，我們採訪了結婚六十年的陳爺爺跟陳奶奶，希望知道他們是怎樣走過一甲子，在二〇一六年歡度鑽石婚。

那一天，我們來到陳爺爺跟陳奶奶的家，他們很親切地招待我們。陳奶奶是一個

熱情好客的人，不斷招呼我們吃水果；陳爺爺則是一個敦厚的長者，臉上總是掛著一抹淺淺的微笑，似乎在他們身上，沒有什麼可以憂慮的事情。

我們很好奇，結婚六十年來，一定經歷過許多風雨。到底兩人是如何走過這麼長的一段時間呢？

陳奶奶說：「想要夫妻感情好，一定不能計較。」她說：「我跟陳爺爺結婚沒多久，他就要到台北去打拚，我就留在竹山照顧公公婆婆。那時候我要照顧公婆，還要負擔部分家計，所以我什麼都做，除了把家裡打點好，我還在外面打工賺錢。如果我要計較的話，我早就離開了，也不會結婚六十年。」

陳爺爺在一旁補充說：「我媽媽年輕的時候，因為身體關係，所以行動不便，都

需要有人照顧，那時候她不辭辛勞地照顧我媽媽，媽媽不能行動，她就抱著我媽媽走，就這樣照顧了二十一年。我真的很感謝她，沒有她，我媽媽肯定無法得到這麼好的照顧！」陳爺爺一邊說，也想起了媽媽，眼眶微微泛紅。

陳奶奶接著說：「除了不能計較外，兩人一定要互相，要包容對方的個性。不要想對方的不好，而是要看到對方的好。」

如果碰到吵架的時候怎麼辦呢？

陳奶奶說：「其實，夫妻吵架都是『囝仔冤』（小孩子家的吵架），有時候根本不需要太在意，你只需要面對你的生活就好。昨天吵的事情，今天就要忘掉。沒忘掉的話，生活就會很不好過啊！」

陳爺爺說：「兩個人相處，就是要有一個人讓！」

是什麼讓他們能夠攜手六十年而無怨無悔？

陳奶奶說：「年輕的時候很苦。但我總是相信，只要努力就能得到。所以很努力地工作、賺錢，就是希望能有更好的生活。」

陳爺爺說：「有時候她去工作，我回到家就幫忙一些家事，兩個人還是要互相配合，這樣的感情才能長久。」

或許一般人無法想像，結婚六十年是什麼樣的景象。但是在這對老夫妻中，我看到了彼此眼中的幸福。

那天，當陳爺爺看著陳奶奶的時候，那眼神就像是欣賞陳奶奶六十年前的風采，即使年華老去，在陳爺爺的眼中，陳奶奶永遠都是二十歲的少女，都是那樣讓他目眩的另一半。

我想，這就是幸福！

附錄1

# 關於幸福的一句話

春天會館在幸福的道路上真正的動力永遠在於「人」，我們的專業顧問、優質會員及廣大的單身朋友聯繫在一起像一個大家庭，彼此培養出值得信賴的夥伴關係，從愛出發，愛我們的團隊、愛我們的夥伴、更愛我們的會員及廣大單身朋友。

身為專業愛情顧問，除了要有愛心、耐心、用心的態度外，親切、敏銳、細心的了解會員需求，加上專業判斷與良好溝通能力是絕對必要的。而會員們的需求疑問，顧問團隊們一定會提供專業協助與指導，使會員們達到成功速配的基礎，擔任幸福推手需經過嚴格考核訓練，確保提供會員優質服務。

春天會館一九八六年成立至今，擁有國內資深專業的愛情顧問團隊，平均年資十年，專為單身男女找到心中真愛，體驗甜蜜兩人世界。

獻給每位正在尋找幸福的您：

**馬副總**

要深信：這世界上一定會有位愛你的人！愛需要點勇氣與冒險。

**熊副總**

春花、秋月、夏日、冬雪，不管在哪個季節來到春天會館都豐碩滿盈。在這裡，每個人在愛情的道路上，都能夠像天空中的星座依序而行，不偏不倚找到心中的愛情羅盤，並展開一場繁花盛開的旅途。

春天會館的故事精彩絕倫，完整又真實，它讓人淚流，讓人歡笑，但每一個故事的結局都一樣——

有情人終成眷屬，眷屬都是有情人。

**夏副總**

幸福是自己選擇來的。

**沈海妮**

真的很榮幸在這個幸福的產業服務近十年，也促成無數對單身朋友交往結婚找到幸福！非常感謝公司的正派經營，給單身朋友留下一片淨土，有一群專業祕書細心客制化為您服務！

我認為幸福不是別人給的，而是自己要讓自己幸福，有的人認為得到金錢物質就是幸福，有的人認為平淡健康就是幸福。不管哪一種，都需要自己主動追求，讓自己離幸福更近。讓我們播下幸福的種子，一起努力讓它開花結果吧！

**瑪那熊心理師**

幸福不是靠等待緣分，而是透過自己的努力去創造。豐富生活、提升內涵、建立自信、經營外型，再加上積極擴展人際圈、增加互動機會，都將讓你離愛情更進一步。

**王敏之**

女人請記住：選男人沒別的，就是選擇疼妳的，不管他再有錢，再有才華，再帥，再有口才，再有智慧，再有能力，再孝順，再大愛助人，要是不疼妳，一點屁用都沒有。

**Maggie**

相信我，這世界再大，一定有一個人正在等你，因為你就是他的地心引力，你們將會彼此相吸、相遇、創造出許多美麗的故事。

**Yellow**

幸福難不難？不難！但如果你不願意出來迎接它，它也只會駐足在那裡，隨著時間淡泊。

**幸福祕書蔡佩蓁**

以前我從來沒有想過幸福可以這麼簡單，但在「DateMeNow跟我約會吧」，幸福就是這麼簡單的一件事。

### Amy

春天會館，這是一個安全完善的交友社團，能幫助所有單身朋友創造幸福美滿的好姻緣。

### 亮亮

想要幸福其實很簡單，踏入春天會館，幸福的按鈕就開始啓動了。

### 楊繡瑟

活在當下，享受生命中每個感動時刻，敞開你的心，迎接每個幸福降臨。

### 連督導

很多事不用設限，只要有機會就要把握，有跨出就是成功的第一步。

### 子淇

每個人都有追求幸福的權利，認定屬於自己的幸福就努力去追求。

### 安琪

幸福是讓自己找到快樂感，從內心散發出歡喜的笑那種甜蜜。

幸福的角落

幸福無階級，適合最重要，書面條件只是加分，跟幸福無關。

陳金鳳

一個人想要擁有幸福的人生，必先要有幸福的想法！

小如

幸福也是要靠自己創造的，幸福就是遇見對的人。

陳淑惠

人生的道路有伴攜手同行，享受愛情，擁有幸福。

邱卉欣

春天會館是幸福的搖籃，願天下有情人終成眷屬。

米妮

把握機會，積極行動，創造屬於自己的幸福。

譽中哥

幸福不會主動到來，要先努力去付出。

黃曉雲

幸福不是唾手可得，而是維繫＋經營。

**幸福達人**

助人擁有幸福人生，是最美的祝福。

**吳哥**

萬宗歸一，有愛情的人生最幸福！

**李淑惠**

敞開心房，迎接幸福的來臨。

May

遇到對的人，就勇敢去愛。

**幸福的路上 有我陪伴**

幸福的路上 有我陪伴。

**洪甯媛**

所謂的幸福就是：把握當下，珍惜現有。

**鄒晴**

所謂的幸福就是：找到彼此包容的人。

**順慈**

春天會館幫助您找尋幸福的真諦。

**黃佳潔**

所謂的幸福就是：相信你自己值得幸福。

**吳姐**

能夠一起攜手到老，就是平凡的幸福。

**詹蘊庭**

珍惜目前所擁有的，幸福總會來到您身邊。

Joyce

所謂的幸福就是：不要一個人孤單的過。

Daphne

所謂的幸福就是：簡單且溫暖。

**賴姐**

所謂的幸福就是：有你真好。

**陳紅娘**

幸福：只要妳／你願意擁有，就開始行動吧！轉念之間在春天相遇。累積小小緣分，懷抱大大幸福。

**莊霈**

幸福是互相關懷、互相包容、互相扶持！幸福是一起分享人生的喜怒哀樂！

**安東尼**

幸福一定要靠自己的雙手去掌握，但是還需要背後有推手幫忙。

**Melody**

幸福就是——冷時有人抱著你，哭時有人安慰你，老時有人陪伴你。

**語鍹姐**

寧可華麗的跌倒，勝過無謂的徘徊。

**顏姐**

您的最大幸福，是我工作最大的榮耀！

**張督導**

再晚，也要嫁給愛情！幸福是不限年齡、身高、學歷……

附錄2

# 幸福見證

【君臨&心梅】
當大小姐遇上了大公子

這是一段充滿驚喜的故事，不論是對兩位新人或是台北春天。

本以為不如預期，但是第一次見面的印象便改變了大小姐的觀感。大公子斯文有禮外表內向，談吐卻是幽默風趣；本想試試無訪，卻在第一次見面聊天時就悄悄將她刻畫在腦海中，大小姐甜美又俏麗，就連說話的聲音都觸動著他。第一次約會便是101大樓的跨年煙火，大公子不經意的主動，大小姐明白自己是被捧在手掌上呵護的。

又一次，大小姐因學生的問題而延遲會面時間，原以為可以解決的公事卻麻煩不斷處理不完，終於忙完的大小姐心力交瘁，準備跟大公子好好道歉，卻發現還有個男孩依舊等著自己。與暱稱不符的大公子不多想，畢竟大小姐對自己的學生總是認真。而這一等，就是六個小時。

愛情不一定是刻骨銘心，可以是不斷加溫的細水長流。

大小姐：感謝一路走來的包容與呵護。

大公子：妳填滿了我的生命。

祝福兩位！

## 【鼎凱&婉蓉】
### 新世代好男人帶來的感動與貼心

囍

「貼心」這兩個字一直是老公的代名詞。我與老公是經由春天會館的一對一排約認識，我們的價値觀相似，在聊天與相處後，發現我們在個性上是互補的。老公很會注意一些小細節，有一次我只是稍微提到家裡電話壞了，結果他隔一天就買了新的電話，而且還親自幫我裝上>///<~一組是有線的，一組是無線的，因爲老公考慮到我講電話時可以坐著講，眞的是非常貼心<3~

老公眞的非常非常貼心，會注意並記住我隨口說的話，有一次我說我平常只吃燙青菜或煮麵，老公覺得這樣根本營養不夠，就爲我洗手作羹湯，眞的是新世代好男人。去年生日時還爲我親手做了一個水蒸蛋糕，雖然不是最好吃的，但卻是我吃過最喜歡的。

經過這些日子，讓我覺得，沒有完美一百分的情人，只有最適合自己的人。像我們這樣價値觀相同，個性互補，懂得爲對方著想，不會對任何事情爭到底，懂得妥協，會想去維持這一段得來不易的感情，這段感情讓我們學習到了很多。

很多事情往往就在你我的一念之間，你覺得老婆是天使，那她就是天使，你一直把她想成是黃臉婆，那她就是黃臉婆。想他好，他就是好，就算他不是，你也可以把他變成天使。

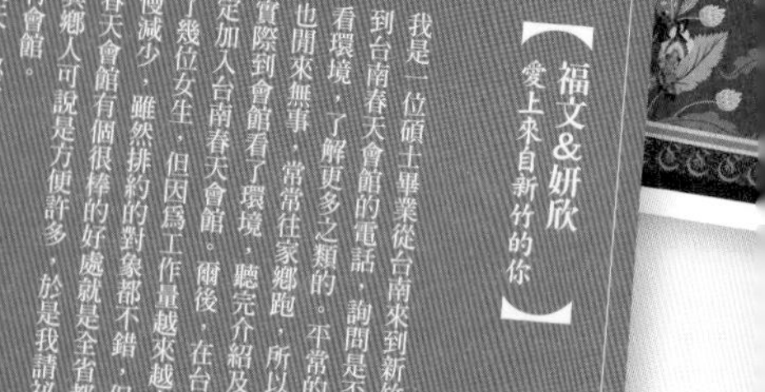

**【福文&妍欣】**
**愛上來自新竹的你**

我是一位碩士畢業從台南來到新竹工作的南部人，某天接到台南春天會館的電話，詢問是否單身，可實際到會館看看環境，了解更多之類的。平常的週休假日一個人在異鄉也閒來無事，常常往家鄉跑，所以便答應了祕書。實際到會館看了環境，聽完介紹及詢問相關疑問後，便決定加入台南春天會館。爾後，在台南排約了幾次，也認識了幾位女生，但因爲工作量越來越大，回台南的機會也慢慢減少，雖然排約的對象都不錯，但可惜都不來電。春天會館有個很棒的好處就是全省都有據點，對於我這種異鄉人可說是方便許多，於是我請祕書幫忙把服務轉到新竹會館。

某天，祕書幫我排約了一位女孩，她叫妍欣，第一次見面的我們很有話聊，之後在祕書的幫忙下，我們還一起出去了幾次，也在這當中，我們慢慢了解彼此，不知不覺情愫慢慢產生，讓我們決定交往。交往了一段時間後，彼此間的默契不在口中，對彼此的愛更不用說，她，就是我願一生用心呵護、照顧與體貼一生的女孩，而妍欣也鬆口願意把一輩子的時間與幸福交付予我。

回想當初，若不是祕書們的細心，我們可能不會相遇。新竹的春天祕書一開始就覺得我和妍欣相當適合，並經過妍欣的祕書討論後，決定讓我們認識。但妍欣一開始有個觀念，對男生不要求什麼，但不想認識碩士學歷的男生，因爲擔心想法上會有落差。所以在祕書決定幫我介紹給妍欣時，對她保留了我的學歷，我想這也不是件壞事，順便證明了一開始有先入爲主的觀念並不是好事，可能就會因爲這樣錯失了緣分，而我也不會遇到今生最大的幸福，感謝春天會館，讓我們沒有錯過彼此！

Ps.一〇三年的四月底，我和妍欣甜蜜步入禮堂，完成終身大事，且託付給對方一輩子的幸福。

## 【小烈&小餅 自信，讓你找到你所相信的愛情】

我曾經沒有自信，但現在的我更懂得愛自己、充實自己，感謝台中春天會館擁有這麼多元且豐富的活動及課程，讓我在課程中得以找出自己的優點，增加自信，也從中學會了追女神的攻略。

在春天會館歡樂交友派活動中發現女神的倩影，從此我跟隨她參加活動，希望她可以注意到我。就在某年某月某一天的唱歌活動，我唱了一首王大文的《美麗》，終於讓女神注意到了我。交往過程中我們去過好多地方，也到過好多國家，在各地留下幸福快樂的腳印。

最後非常感謝春天會館提供一個這麼好的平台，讓我娶到美嬌娘。

## 【宏章&琬玲 積極追求幸福與真愛一點也不尷尬】

積極追求幸福與真愛一點也不尷尬，何況最近單身聯誼的「婚活」越來越多，甚至很有創意。何不給自己一個機會，搭上屬於自己的戀愛巴士，誰說幸福不會來敲門呢？琬玲在去年教師節的墾丁一日遊活動中認識了宏章。當天就因上錯車而被放了大鴿子的宏章，原先與她並沒有太多的互動，反而是活動結束後兩人才開始熟悉起來。因爲同樣在醫院工作，多次用Line聊天、出遊，琬玲慢慢發現外表有點酷的宏章，和她居然有那麼多的共同點，比如兩人都喜歡烹飪、踏青，還有同樣渴望安定的心。於是在認識七個月後，他們攜手步入禮堂，共組甜蜜家庭。也祝福春天會館的大家，都能夠找到屬於自己的好對象、永遠幸福下去」

## 【進仁&婷婷】
### 我要嫁了，因為他懂我

我是婷婷，他是進仁。三年前我們透過了高雄春天會館認識了彼此。加入春天會館一陣子了，祕書一直很熱心的幫我挑選對象，但我總覺得缺了此感覺，心裡萌生想放棄的念頭，覺得算了，可能真的遇不到了吧。熱情的祕書一如往常的用心幫我安排。但這一次，決定把這一次當作最後一次！滿不期待的參加了這次排約，卻一切都在意料之外……我和他似乎相見如故，一連聊了好幾個小時，中途因為時間限制的關係，使我們中斷一下，但又在咖啡廳裡繼續聊到天南地北。就這樣我們從陌生變得親暱，兩個月後我們決定在一起了！我們學著面對愛從牽手的這一刻開始，我們決定陪伴彼此情，面對難題，終於，往後的每一天。謝謝春天會館，因為有了這平台，讓茫茫人海中的我們擁有了尋找愛情的捷徑。謝謝熱情祕書，沒有你，我無法遇到讓我再次怦然心動的他。

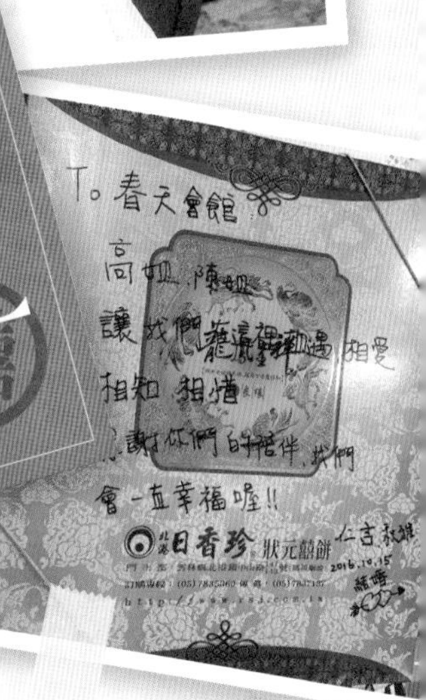

BO7021
**這樣說，那樣愛**
媒合近萬人美好姻緣推手，教你異性緣激增，終結單身的追愛22堂課

作　　　者｜美滿人生企業有限公司（春天會館）
內文插畫｜Ice Lee
企劃選書｜何宜珍
責任編輯｜劉枚瑛
版　　　權｜吳亭儀、翁靜如
行銷業務｜林彥伶、石一志

總　編　輯｜何宜珍
總　經　理｜彭之琬
發　行　人｜何飛鵬
法律顧問｜台英國際商務法律事務所　羅明通律師
出　　　版｜商周出版　臺北市中山區民生東路二段141號9樓
電話：(02) 2500-7008　傳真：(02) 2500-7759　E-mail：bwp.service@cite.com.tw
發　　　行｜英屬蓋曼群島商家庭傳媒股份有限公司城邦分公司
臺北市中山區民生東路二段141號2樓
讀者服務專線：0800-020-299　24小時傳真服務：(02)2517-0999
讀者服務信箱E-mail：cs@cite.com.tw
劃撥帳號｜19833503　戶名：英屬蓋曼群島商家庭傳媒股份有限公司城邦分公司
訂購服務｜書虫股份有限公司客服專線：(02)2500-7718；2500-7719
服務時間：週一至週五上午09:30-12:00；下午13:30-17:00
24小時傳真專線：(02)2500-1990；2500-1991
劃撥帳號：19863813　戶名：書虫股份有限公司　E-mail：service@readingclub.com.tw
香港發行所｜城邦(香港)出版集團有限公司
香港 灣仔 駱克道193號東超商業中心1樓　電話：(852) 2508 6231　傳真：(852) 2578 9337
馬新發行所｜城邦(馬新)出版集團
Cité (M) Sdn. Bhd. (458372U) 11, Jalan 30D/146,
Desa Tasik, Sungai Besi, 57000 Kuala Lumpur, Malaysia.
電話：(603)9056 3833　傳真：(603)9056 2833
商周出版部落格｜http://bwp25007008.pixnet.net/blog
行政院新聞局北市業字第913號

美術設計｜COPY
印　　　刷｜卡樂彩色製版有限公司
經　銷　商｜聯合發行股份有限公司
新北市231新店區寶橋路235巷6弄6號2樓
電話：(02)2917-8022　傳真：(02)2911-0053

2017年（民106）06月06日初版　Printed in Taiwan　定價330元
　城邦讀書花園 www.cite.com.tw　ISBN 978-986-477-232-2

國家圖書館出版品預行編目(CIP)資料

這樣說，那樣愛 / 春天會館著. -- 初版. -- 臺北市 : 商周出版 : 家庭傳媒城邦分公司發行,
民106.06　248面 ; 14.8*21公分　ISBN 978-986-477-232-2(平裝)
1.擇偶　2.戀愛　3.兩性關係　544.31　106005704